FABLES

NOUVELLES.

FABLES
NOUVELLES.

IMPRIMERIE DE FIRMIN DIDOT FRÈRES,
RUE JACOB, N° 24.

FABLES
NOUVELLES,

PAR

A.-V. ARNAULT,

SECRÉTAIRE PERPÉTUEL DE L'ACADÉMIE FRANÇAISE,

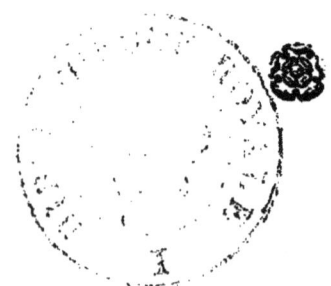

PARIS,

FIRMIN DIDOT FRÈRES,
RUE JACOB, N° 24.
—
1834

AVERTISSEMENT.

En tête des fables dont se compose ce volume, le troisième de mes ouvrages en ce genre, je retrouve sur mon manuscrit la note suivante :

« J'ignore si c'est un livre nouveau que je commence, c'est-à-dire si le nombre des fables que j'inscrirai sur ce cahier sera assez considérable pour grossir d'un livre le recueil de mes fables. Je n'ai là-dessus aucun projet, aucune volonté, si ce n'est de consigner ici, a mesure que je les ferai, les fables nouvelles que je pourrais faire : jusqu'à présent je n'en ai fait qu'une. »

Ce 1er avril 1830.

Au lieu d'un livre, j'en publie quatre; cela prouve qu'il ne faut jurer de rien. Cela prouve aussi que ces fables ont été faites sous l'inspiration du caprice. La plupart sont datées de la vallée de Montmorency : qu'on ne s'étonne pas que j'en fasse hommage aux lieux qui me les ont inspirées[1].

[1] Voir l'épilogue à la fin du volume.

DE L'APOLOGUE
EN ACTION.

Demandez-vous ce que c'est que l'apologue ? les uns vous diront : C'est une forme allégorique sous laquelle se cache la vérité ; les autres : Que c'est un artifice grace auquel la vérité perd ce qu'elle aurait de dur pour les gens à qui on a intérêt à la dire sans les blesser ; d'autres enfin : C'est un mode de démonstration à l'aide duquel la vérité devient plus intelligible pour le commun des esprits.

C'est tout cela. De tout temps l'apologue a été employé dans ces buts divers. Son but, en définitive, est d'offrir à l'homme une leçon dans un fait. Mais cette leçon, qu'Ésope met pour l'ordinaire au bout d'un récit, d'autres moralistes ne l'ont-ils pas offerte dans une action, et n'est-elle pas plus frappante encore sous cette forme pour tant de gens qui ont moins d'imagination que d'intelligence, et ne comprennent guère que ce qu'ils voient?

> *Segnius irritant animos demissa per aures,*
> *Quam quæ sunt oculis subjecta fidelibus......*
> Hor.

Peut-être me saura-t-on gré d'avoir rassemblé plusieurs exemples qui le prouvent.

N'est-ce pas un apologue que faisaient jouer devant leurs enfants les Spartiates quand, pour les détourner des excès du vin, ils leur montraient des ilotes qu'ils avaient enivrés? Était-il un moyen plus propre de leur démontrer à quel point ravalerait en eux la dignité de l'homme libre une passion qui les ferait descendre au niveau de ces esclaves, rabaissés par elle à la condition de la brute?

Ce peuple, si économe de paroles, trouvait aussi dans ce genre de démonstration le moyen de suppléer à un long raisonnement presque sans parler.

Pendant la guerre du Péloponèse, il avait envoyé près de Tissapherne un agent, dans le but de l'engager à préférer l'alliance de Sparte à celle d'Athènes. L'ambassadeur athénien ayant employé toute son éloquence à vanter l'habileté de ses compatriotes, le Spartiate, ne mettant en parallèle que la droiture lacédémonienne, se contente de tracer deux lignes qui aboutissent au même point, l'une droite et l'autre tortueuse, et les montrant au satrape : Choisis, lui dit-il.

Raillé de ce qu'il jouait aux noix avec des enfants, Ésope pose un arc détendu au milieu du chemin : « Si vous voulez conserver à cet arc son « élasticité et pouvoir vous en servir en temps « utile, ne faut-il pas quelquefois le détendre? « Ainsi en est-il de l'esprit, » dit-il aux railleurs. N'est-ce pas là un apologue en action?

Sextus Tarquin, qui s'est introduit en fraude chez les Gabiens, demande à son père, par lettres, comment il doit s'y prendre pour se rendre maître de leur ville. Sans confier, même à des tablettes, sa réponse, que celui qui la portera ne doit pas comprendre, le tyran, que le messager a rencontré dans un jardin, abat de sa baguette les fleurs qui s'élèvent au-dessus des autres. Sextus, à qui le fait est raconté, en saisit l'esprit, et bientôt Gabie, où les têtes principale sont tombées, est livrée sans défense aux soldats de Tarquin.

Sertorius, qui au génie par lequel on fait

marcher des soldats joignait l'esprit, sans lequel on ne gouverne pas les hommes, Sertorius recourait souvent à ce genre d'apologue avec ses troupes. Un jour, voulant leur faire comprendre l'avantage qu'ils avaient à fatiguer par de petits combats l'ennemi contre lequel ils demandaient à grands cris la bataille, « il les fait assembler
« comme pour les prescher (dit, d'après Plutarque,
« Amiot dans son vieux langage), puis feit amener
« au milieu de toute l'assemblée deux chevaux,
« l'un foible extrêmement et déjà vieil, l'autre
« grand et fort, et qui, entre autres choses, avoit
« la cuëue fort espesse, et belle à merveille.
« Derrière celui qui étoit ainsi foible, il feit
« mettre un beau grand homme et puissant; et
« derrière le fort cheval, il feit mettre un autre
« petit et débile, qui, à le voir, montroit bien peu
« de force; et quand il eut fait un signe qu'il leur

« avoit ordonné, l'homme qui étoit puissant et
« fort prit à deux mains la cuëue du cheval
« maigre, et la tira de tout son effort, comme
« s'il eust voulu l'arracher; et l'autre, qui étoit
« débile, se mit à tirer poil à poil celle du puis-
« sant cheval. Quand ce grand et puissant homme
« eust bien traveillé et sué en vain pour cuider,
« rompre ou arracher la cuëue du cheval foible,
« et qu'il n'eust en somme fait autre chose que
« appareiller à rire à ceux qui le regardoient, et
« qu'au contraire l'homme foible, en bien peu
« d'heures et sans aucune peine, eust rendu la
« cuëue de son grand cheval sans aucun poil,
« adonc Sertorius se dressant sur ses piés : —
« Voyez, dit-il, mes compagnons et amis, comment
« la persévérance feit plus que la force, et comme
« plusieurs choses inexpugnables à qui les cui-
« deroit forcer tout à un coup, avec le temps se

« laissent prendre quand on y va petit à petit :
« car la continuation est invincible; par la con-
« tinuation, il n'est force si grande qu'à la fin le
« temps ne mine et ne consume, estant le plus
« sûr et certain secours que sçauroyent avoir
« ceulx qui en sçavent attendre et choisir l'op-
« portunité, et au contraire aussi le plus dange-
« reux ennemy que sçauroyent avoir ceulx qui
« font les choses avec précipitation. »

Le vieux Caton reproduisait sous toutes les formes l'idée qui le dominait : *Delenda est Carthago*, Détruisez Carthage, répétait-il à tout propos. Voulant un jour donner au sénat une idée de la promptitude avec laquelle la ruine de Rome pouvait lui venir de cette république où Rome avait porté le ravage et dont la paix avait rétabli la fortune, il déploie un pan de sa toge et jette aux pieds des pères conscrits des figues de Libye.

Chacun d'admirer, chacun de se récrier sur leur fraîcheur. « La terre qui porte ces fruits, dit-il, « n'est qu'à trois journées de Rome. *Delenda est* « *Carthago.* »

Interrogé sur la cause qui le détermine à répudier Papiria, femme belle et sage, dont il a deux enfants, « Regardez ma chaussure, dit Paul « Émile, elle est bien faite; il faut pourtant que « je la quitte; personne que moi ne sait où elle « me blesse. »

Un jeune homme que par avance d'hoirie son père avait mis en possession de tout son bien, à l'instigation de sa femme chasse ce vieillard. L'habit de ce pauvre homme tombe en lambeaux. Il demande que, pour le défendre du froid pendant la nuit, on lui donne au moins une couverture, la moins bonne des deux couvertures du cheval. Sa bru le permet, et consent que son fils, enfant

de dix ans, qui assistait à cette scène, aille chercher ce grossier vêtement. L'enfant part et revient presque aussitôt; mais il n'en rapporte que la moitié. « Quoi! s'écrie son grand-père, cet en-
« fant aussi veut ma mort; il est plus cruel encore
« que ceux qui lui ont donné le jour. » Étonné de ce que cet enfant enchérit de dureté sur sa femme et sur lui-même, le fils ne peut s'empêcher de le réprimander. « Pourquoi outre-passer mes
« ordres? — Papa, j'ai pensé que vous vouliez
« faire mourir mon grand-père; j'ai secondé vos
« intentions. Quant à l'autre moitié de la housse,
« elle ne sera pas perdue, je la garde pour vous
« la donner quand vous serez vieux. » Cette leçon, dit le ménestrel qui la raconte, fit rentrer le fils ingrat en lui-même. Il tomba aux genoux de son père, et mérita son pardon en le réintégrant dans la possession de ses biens.

Un fait dont le hasard nous rend témoins est quelquefois aussi un apologue qu'il semble jouer pour notre instruction. « Un roi d'Égypte, dit
« Lucien dans son dialogue intitulé *le Pêcheur*,
« apprit à des singes à danser ; ce à quoi ils réus-
« sirent admirablement, cet animal aimant à
« contrefaire toutes les actions de l'homme. Ce
« spectacle durait depuis long-temps, quand un
« facétieux s'avisa de jeter des noix au milieu du
« quadrille. Oubliant soudain leurs pas étudiés
« et leur contenance affectée, les danseurs se
« ruent pêle-mêle, sans avoir égard à leurs beaux
« habits, ni à leurs masques, et, quittant le per-
« sonnage qu'ils représentaient, ils rentrent dans
« celui qui leur était propre. »

Le hasard n'enseignait-il pas ainsi à ce roi que sa puissance ne s'étendait pas jusqu'à donner à ses favoris les qualités de la condition qu'il pouvait leur faire?

Naturam expellas furcâ, tamen usque recurret.
Hor.

Chassez le naturel; il revient au galop.
    Coups de fourches ni d'étrivières
    Ne lui font changer de manières;
    Et, fussiez-vous embâtonnés,
    Jamais vous n'en serez les maîtres :
    Qu'on lui ferme la porte au nez,
    Il reviendra par les fenêtres.
La Fontaine.

Une leçon offerte aussi par le hasard releva le courage d'un des plus grands hommes dont les Écossais aient gardé la mémoire. Peut-être même est-ce à cette leçon donnée par un insecte que l'Écosse fut redevable de son affranchissement.

Après avoir perdu six batailles consécutives, Robert Bruce s'était retiré dans l'île de Rochrin, sur les côtes d'Irlande. Il désespérait de sa fortune. Étendu sur un grabat, dans une misérable chaumière, il se demandait s'il ne ferait pas bien de renoncer à la couronne d'Écosse, et de passer en Palestine pour se racheter, en combattant les infidèles, de l'excommunication qu'il avait encourue en poignardant au pied de l'autel, dans l'église de Dumfries, *Commyn-le-Roux*, son compétiteur au trône? Les yeux levés vers le plancher, il se livrait encore à ces réflexions, qui l'avaient agité toute la nuit, quand, aux premiers rayons du jour, il aperçoit une araignée qui, suspendue au bout de son fil, s'élançait de la poutre à laquelle il tenait, à une autre poutre pour l'y attacher. Vains efforts! six fois elle le tente sans succès. Bruce, à qui la victoire était échappée six fois, se trouvait précisément dans la même situation. « Observons la chose jusqu'au

« bout, dit-il, et réglons-nous sur ce que fera
« cette araignée. » L'araignée cependant rassemble toutes ses forces, s'élance de nouveau, atteint la poutre, et y fixe le fil, auquel sa toile est aussitôt suspendue. Déterminé par cette leçon, Bruce rentre en campagne. Ce septième effort ne fut pas non plus stérile; la victoire se rallie à ses drapeaux pour ne les plus quitter; et l'Écosse est rendue à la liberté par l'héroïque persévérance dont une araignée lui a donné l'exemple.

Un des plus célèbres conquérants qui aient ravagé l'Asie reçut une pareille leçon d'un escargot. Timur, dans son adolescence, gardait les troupeaux. Les quittant pour se mettre à la tête d'une horde de Tartares, après avoir obtenu quelques succès, il alla mettre le siége devant une place très-forte. La place lui opposant plus de résistance qu'il n'en attendait, le découragement le saisit. Il abandonne son armée, et retourne à ses moutons. Chemin faisant, comme il se reposait sous l'ombrage, ses yeux s'arrêtent sur un objet qui semblait peu digne d'occuper son attention dans un pareil moment. Tombé deux fois du haut d'une tige où il s'était élevé avec beaucoup de peine, un limaçon, sans se laisser décourager par ces deux échecs, s'efforçait d'y remonter. Son obstination fut récompensée. Parvenu au faîte de l'arbuste, il finit par s'y établir solidement. Cela fit rêver le déserteur. Revenant sur ses pas, il ranime l'espérance de ses compagnons, livre un nouvel assaut, prend la place, et, de conquête en conquête, asservit la moitié du monde.

Un de ces hommes à qui rien ne semble si facile que les choses difficiles quand un autre les a faites, tout en dînant avec Christophe Colomb,

s'efforçait de rabaisser la gloire de sa découverte.
« En se dirigeant toujours à l'occident, disait-il,
« on était bien sûr de rencontrer les terres qui
« sont entre l'Europe et l'Asie.—Mais, répliquait
« le pilote génois, il fallait, pour les rencontrer,
« avoir l'idée d'aller aux Indes par l'occident.—
« Rien de plus simple encore que cela, reprenait
« le critique.—Faites-moi tenir ceci debout, dit
« Colomb en présentant un œuf à cet homme qui
« ne s'étonnait de rien. — Cela ne se peut pas.—
« Cela se peut; et, cassant l'œuf par un de ses
« bouts, Colomb lui fait prendre la position ver-
« ticale. — Vous conviendrez, maître Christophe,
« qu'à l'aide d'un pareil procédé rien n'est plus
« facile. — Soit; mais ce procédé si simple, encore
« fallait-il le trouver. »

Un musulman très-hospitalier, et qui voulait
que son fils le devînt, lui recommanda par son

testament, en lui laissant d'immenses richesses, *de se faire des maisons partout.* Empressé de remplir les intentions de son père, le jeune homme se détermine à bâtir une maison au Caire, une à Damas, une à Bagdad, une à Bassora; mais il reconnaît, en y réfléchissant, que, si riche qu'il soit, il ne pourra subvenir à tant de dépenses, et se faire des palais dans toutes les capitales. Il ne comprenait pas trop non plus dans quel intérêt son père lui avait donné ce conseil ruineux. « L'intention de votre père, lui dit un vieux der-
« viche qu'il va consulter, est que vous vous fassiez
« le plus d'amis possible. Ouvrez votre maison aux
« étrangers qui viennent dans votre ville, et, quand
« vous irez dans leur ville, ils vous ouvriront leurs
« maisons. Ainsi vous vous serez fait des maisons
« partout. »

Je tiens cet apologue d'un de mes camarades

de collége, d'un de mes confrères de l'Institut, d'un de mes vieux amis, M. Delaborde, qui l'a rapporté d'Orient avec tant d'autres notions utiles. Mais est-ce bien là un apologue? me dira-t-on. N'est-ce pas plutôt une énigme?

Un apologue peut quelquefois ressembler à l'énigme par la forme, *le Laboureur et ses Enfants*, par exemple, apologue emprunté à Ésope par La Fontaine: mais il en diffère essentiellement par le fond, en ce qu'il renferme toujours une leçon, tandis que l'énigme ne cache habituellement, sous sa forme ambiguë, qu'un sens stérile, et n'est guère qu'un vain jeu d'esprit, quand l'esprit s'y mêle, s'entend.

Contraints par la nature de leur gouvernement à déguiser leur pensée, les Orientaux se sont souvent servis de cette forme mystérieuse pour se donner entre eux d'importants avis. Je ne puis résister au désir de le prouver par un fait intéressant, et j'espère qu'on me le pardonnera, quoiqu'il ne se rattache pas tout-à-fait au sujet que nous traitons.

En 1816, *Khorref Mohémed,* capitan-pacha, fut chargé de rapporter au sérail la tête de *Katib Oglou,* pacha de Smyrne. La commission était délicate. *Oglou* avait été son camarade; un tendre sentiment les unissait depuis leur jeunesse. *Khorref* aurait bien voulu ne pas faire couper le cou à son meilleur ami. Il y allait du sien cependant à ne pas contenter sa Hautesse. Vu la popularité dont jouissait le proscrit, et la crainte qu'on avait de provoquer un soulèvement si on le frappait au milieu de ses administrés, *Khorref* avait ordre de faire l'exécution à son bord. Qu'imagine-t-il pour empêcher *Katib,* qu'il a mandé, de venir au-devant du coup mortel? Il lui envoie par le porteur de son message un fusil et un cheval, en lui faisant dire de les conserver pour l'occasion. C'était lui donner avis de se garder ou de se sauver. Malheureusement pour lui, *Oglou* ne comprit pas le sens caché sous ce présent symbolique. Impatient de remercier *Khorref* de sa politesse, il crut ne pas pouvoir venir assez tôt à ce bord dont on cherchait à l'écarter. Homme consciencieux, le capitan-pacha, après avoir fait ce qu'il devait comme ami, fit ce qu'il devait comme ministre, et le pacha de Smyrne eut la tête tranchée pour n'avoir pas su deviner une énigme.

Il pensa en arriver autant à Darius lors de son expédition de Scythie, non qu'il manquât d'esprit, mais parce qu'il avait l'esprit de travers. Heureusement son ami Gobrias comprit-il l'avis que donnaient les Scythes au roi des rois quand ils lui envoyèrent par un muet un oiseau, une grenouille, un rat et cinq flèches. Darius avait vu dans cet étrange présent un témoignage de soumission. Gobrias y vit une déclaration de guerre à mort. Il avait deviné. Il est bon quelquefois qu'il y ait des esprits justes dans le conseil des princes.

Revenons à l'apologue. Un des moyens que Pierre-le-Grand voulait employer pour introduire la civilisation dans son empire était de faire voyager sa noblesse dans les pays les plus civilisés de l'Europe, espérant qu'elle rapporterait de France, d'Angleterre et d'Allemagne, les mœurs qu'il désirait substituer à celles de ses boyards. Dolgorouki, dont il recherchait l'approbation en toute chose, pensait, lui, que ces voyages ne réformeraient pas des hommes faits, et qu'ils étaient moins propres à les corriger de leurs vices qu'à leur en faire contracter de nouveaux. Mais, comme le czar, loin de se rendre à cet avis, le pressait avec quelque impatience de lui en démontrer la justesse, il prend une feuille de papier, celle-là même où se trouvait l'ukase que Pierre allait publier, la plie silencieusement, passe fortement l'ongle sur le pli, puis il demande à l'autocrate si, avec toute sa puissance, Sa Majesté parviendra jamais à effacer la trace de ce pli? L'apologue n'avait pas pour but cette fois de déguiser la vérité à un despote; Pierre le comprit et se rendit.

Dans des temps plus rapprochés de nous, Franklin aussi se servit de l'apologue pour donner une semonce à l'un des hommes les plus machiavéliques qui aient jamais dirigé le ministère anglais. Ce gouvernement déportait les condamnés dans les colonies américaines. Après avoir en vain réclamé contre cet usage, Franklin envoya à Robert Walpole, alors chef du cabinet, quatre caisses remplies de serpents à sonnette, en l'invitant à les faire mettre en liberté dans le parc de Windsor, *afin*, disait-il, *que l'espèce s'en propageât et devînt aussi avantageuse à l'Angleterre que les condamnés l'avaient été à l'Amérique septentrionale.*

Jusque dans les écoles de philosophie, nous voyons des questions résolues par l'apologue en action. Platon définit l'homme un animal à deux pieds et sans plumes. Diogène jette dans l'assemblée un chapon plumé, et voilà Platon réfuté. Un sophiste nie le mouvement, un philosophe se met à marcher. Un pyrrhonien nie la douleur, un réaliste la lui prouve à coups de bâton. Pour démontrer qu'il n'y a d'homme vraiment libre que celui qui n'est pas sous l'influence des passions, ou, si l'on veut, que l'homme en proie aux passions est le jouet de volontés qui lui sont étrangères, un Athénien tire de dessous sa robe une petite figure de bois ou de carton, et la faisant mouvoir avec des fils qu'il tend ou relâche à son gré, ce dont on peut conclure que les pantins sont aussi une invention renouvelée des Grecs, « Ces « fils, dit-il, sont les passions qui nous entraînent « de côté et d'autre. »

Duceris ut nervis alienis mobile lignum.

Hor. Sat.

Ces derniers traits vous semblent-ils des démonstrations plutôt que des apologues? Il n'en sera pas ainsi de celui qui me reste à vous raconter, de celui par lequel, las de disputer avec des échappés de l'école du baron d'Holbach, à l'aide de *deux dés*, l'abbé Gagliani leur fit avouer qu'une intelligence suprême, et non pas le hasard, comme le prétendaient ses adversaires, présidait à l'ordre constant qui régit l'univers. Cette ingénieuse démonstration m'a fourni l'idée première d'un apologue que l'on trouvera dans ce volume.

Concluons. Un fait dont on peut tirer une moralité, soit qu'on le raconte, soit qu'on l'exécute, est un apologue. Tout drame est un apologue. C'est une collection d'apologues que la mythologie. L'histoire elle-même est-elle autre chose qu'une série d'apologues recueillis pour l'instruction de la postérité, après avoir été joués plus ou moins sérieusement, et tant bien que mal, par des animaux entre lesquels se trouvent quelquefois des hommes?

PROLOGUE.

J'ai dit, je m'en souviens, lecteur,
J'ai dit en certain épilogue
Qui suit ce *calomniateur*[1],
Sujet d'un récit enchanteur
Dont je ne suis pas l'inventeur :
Voilà mon dernier apologue.
C'était le dernier en effet,
Le dernier qu'alors j'avais fait,
Mais non pas que je dusse faire.
A s'occuper d'une autre affaire
Mon esprit qui se résignait,
En cédant à la conjoncture,
Au livre mettait le signet,
Sauf à reprendre la lecture.

Ami, moi je renoncerais,
Au conte, aux fables, à l'histoire,
A tout caquet! j'en jurerais,
Que tu ne pourrais pas m'en croire
Pour moi conter est un besoin.
Triste ou gai, dispos ou malade,
Il distrait de tout autre soin
Mes veilles ou ma promenade.
Et puis c'est un droit du vieillard.
Nestor en usa, Dieu sait comme.
Sans valoir en tout ce grand homme,
Je me crois tout aussi bavard.
Affranchi de toute autre envie,
J'achève en bavardant la vie,
Fleuve qu'on ne peut remonter!
Agir me plairait davantage;
Mais, hélas! que faire à mon âge,
Si ce n'est rêver et conter?

LIVRE PREMIER.

FABLE I.

L'ARBUSTE ET LE TUTEUR.

Pour assurer sa pauvre tête
    Contre l'effort de la tempête,
Un bel et tendre arbuste implorait un appui.
  « Tout bois est propre à cet office, »
Dit, en l'art des Thoin ² un rustre, aussi novice
Que moi, que vous, que tel qui s'en mêle aujourd'hui ;
Et, prenant le premier rameau qui se présente,
    Près de cette tige il le plante ;
    Puis les lie avec un osier

Comme à l'échalas une vigne,
Comme à son tuteur un rosier.
L'intention était bénigne.
Mais l'intention seule, ainsi qu'on va le voir,
Ne suffit pas. Notre homme était loin de prévoir
Qu'ainsi de son élève il préparait la perte.
L'année entrait alors dans un printemps nouveau ;
Or c'était une branche verte,
Coupée au tronc d'un vieux sureau
Qu'il accouplait à l'arbrisseau ;
Branche qui, de même nature
Que messieurs les Gascons (soit dit sans les vanter),
Prend racine, et vient sans culture
Partout où l'on veut la planter[3];
A plus forte raison si c'est en bonne terre.
Ni trop grasse ni trop légère,
Celle où mon rustre a mis ce bois qui semblait mort
A tous ses appétits convient si bien, si fort,
Qu'il y renaît, qu'il y prospère,
Qu'il y grandit au point de bientôt devenir
Un arbre. Et cependant, prêt à grossir le nombre
Des chicots qu'en ses nœuds la hart va réunir,

L'arbuste infortuné qu'il devait soutenir,
  Mourait étouffé sous son ombre.

Des orphelins ô vous qui soutenez les droits !
  A méditer ce fait peut être utile.
    Ce n'est pas la première fois
    Que le tuteur a dévoré, je crois,
      Le patrimoine du pupille.

FABLE II.

LE PAON ET LE ROSSIGNOL.

Du rossignol pour la première fois
  Un badaud entendant la voix :
  « Oh! le délicieux ramage !
  « Quel est l'oiseau qui chante ainsi ?
  « Ou je me trompe, ou celui-ci
« Possède un bien beau plumage.
  « Le voilà, c'est lui, j'en suis sûr ;
« La splendeur qui l'habille à mes yeux le décèle.
  « De paillettes d'or et d'azur
  « Voyez-vous comme il étincelle ? »
Ce disant, le bon homme au haut d'un vieux portail
  Du doigt montrait un paon superbe,
  Qui de sa queue en éventail
  Déployait fièrement la gerbe.

« — Mon bourgeois, désabusez-vous, »
Dit le magister du village ;
« A l'orgueilleux qui fait tant d'étalage
   « N'appartient pas un chant si doux.
   « C'est celui d'un oiseau modeste
   « Qui fait son nid dans cet ormeau ;
   « Sous l'habit brun d'un passereau
   « Il cache un talent tout céleste.
« C'est lui qui, dans ce mois d'espérance et d'amour,
« Emplit de son bonheur les échos d'alentour.
« Bien loin de nous donner des aubades pareilles,
   « Le paon, qui charme tous les yeux,
   « Écorche toutes les oreilles.
   « Ici, comme en bien d'autres lieux,
« Les mieux vêtus, monsieur, ne chantent pas le mieux.

FABLE III.

LA TÊTE ET LE CHAPEAU.

Sur un étang bordé de frais gazons,
Parmi d'épais roseaux, dans une métairie,
    Un vieux canard et des oisons
      Vivaient naguère en confrérie.
Entre eux et ses poulets, distribuant ses soins,
Fille du jardinier, certaine ménagère,
A la démarche leste, à la taille légère,
    Veillait en mère à leurs besoins,
    Tous les matins dans sa corbeille
Leur portant les reliefs du souper de la veille.
Aussi l'aimaient-ils tous; et du milieu des joncs,
    A l'aspect du chapeau de paille
    Qui recouvrait ses cheveux blonds,
Accouraient-ils, ainsi qu'en ces jours de ripaille 4,

Sur un doux avis du préfet,
Accourt la foule avide au pied de ce buffet,
 Source d'ivresse et de bataille,
D'où Paris fait pleuvoir sur ses enfants gâtés
 Le pire des vins frelatés
Qui jamais ait jailli des flancs d'une futaille.
 A l'aspect donc de ce chapeau,
 Comme la nef qui fuit sur l'eau
 Sous l'effort de la rame active,
Les oisons, le canard se dirigeant soudain
 Vers la jardinière attentive,
Au devant de ses pas s'élançaient sur la rive,
Et venaient sans façon lui manger dans la main.
 Un jour, à l'heure accoutumée,
 Reparaît le signe attendu.
Vers ce but, voyez-vous partir, le cou tendu,
 Cette populace emplumée ?
 Pour être le premier à bord,
A qui mieux mieux chacun s'évertuait d'abord ;
 Quand le canard s'écrie : « Arrête !
 « Ou cours-tu donc, peuple benêt ?
 « Tu ne regardes qu'au bonnet.

« Eh ! regarde donc à la tête !
« Celle-ci me revient fort peu.
« Au lieu d'un gracieux visage
« Qu'embellit un œil tendre et bleu,
« J'y vois un œil dur et sauvage
« Rouge de malice et de feu.
« Voit-on cela sans quelque angoisse.
« Quand le tourne-broche est en jeu,
« Quand on sait que demain c'est Saint-Gille et Saint-Leu[6],
« Patrons de notre maître et de notre paroisse ?
« Tout cela sent la trahison. »
Le vieux canard avait raison.
La cauteleuse cuisinière,
Pour faire niche à quelque oison
Avait pris, en effet, en quittant la maison,
Le chapeau de la jardinière.

FABLE IV.

LE PERROQUET.

Jacot n'a jamais dit un mot qui soit à lui.
   Des traducteurs c'est un parfait emblême,
     Répétant les chansons d'autrui,
     Et n'en composant pas lui-même.
     Tout fier de posséder ce don,
Jacot me dit un jour : Je voudrais bien te plaire ;
    Maître, qui dois-je contrefaire ?
    Le coq, la poule ou le dindon ?
    — Jacot, tu glousses à merveille,
    Mais veux-tu charmer mon oreille ?
A ton talent permets encore un plus haut vol.
On s'assimile aux gens en imitant leur style :
    Fais comme a fait Jacot Delille [7] :
    Il nous a contrefait Virgile;
    Contrefais-nous le rossignol.

FABLE V.

LE STATUAIRE.

Je sais un statuaire habile ;
Mais c'est un cerveau renversé.
Jamais il ne s'est exercé
(Et c'est par goût) que sur l'argile.
Son dernier groupe est excellent ;
L'envie elle-même l'avoue.
Mais, dit-elle en se consolant,
Cet homme, avec tout son talent,
Ne sait que pétrir de la boue.

FABLE VI.

LE PARAPLUIE.

Prêt à partir pour ce voyage
D'où nul mortel n'est revenu,
Un pélerin (son nom ne nous est pas connu)
Tint à son petit-fils ce discours vraiment sage :
« Je vais me reposer, et toi tu vas courir.
« En chemin n'ayant plus d'obstacles à combattre,
« Enfant, je veux te faire, avant que de mourir,
　« Un cadeau qui seul en vaut quatre.
« Prends cet objet ; jamais je ne marchai sans lui ;
« Il me servait d'abri, de défense et d'appui,
　« Tour à tour dérobant ma tête
　« Aux rigueurs de chaque saison,
« Me sauvant des faux pas, ou me faisant raison
　« Des insultes de toute bête. »

Parlant ainsi, le vieux routier
Remettait à son héritier
Cette arme que de soi l'imprudent seul écarte ;
Arme non moins utile aux pauvres pélerins
Que ne l'est à nos souverains
Le parapluie appelé charte.

FABLE VII.

LE MARCHAND D'ESPRIT.

Pour ravitailler sa boutique,
Certain charlatan ruiné
Ne s'est-il pas imaginé
D'annoncer en place publique
Qu'il tenait débit et fabrique,
Au profit de quiconque écrit,
De la drogue qu'on nomme esprit;
Drogue qu'avec peine infinie
Il compose seul, dans son coin,
D'ingrédients tirés de loin,
Et dont il peut, même au besoin,
Composer aussi du génie?
Quoiqu'il donne cela pour rien,
Pour quelques sous, vous pensez bien

Qu'il fait une assez bonne affaire,
S'il a jamais pour acheteurs
Seulement le quart des auteurs
A qui sa drogue est nécessaire.
Or, parmi les plus empressés
A s'en fournir, est un bon homme,
Un cuistre des plus encrassés
Qui soient de Paris jusqu'à Rome;
Compilateur, commentateur,
Marchand de science à la livre,
Et partant grand consommateur
De tout ce qui grossit un livre,
Fors l'esprit; car, jusqu'au moment
Dont il s'agit, en vers, en prose,
Il s'en était absolument
Interdit l'usage, et pour cause.
Ces jours derniers, tout en émoi,
Apostrophant notre chimiste,
« Or çà, lui dit-il d'un air triste,
L'ami, vous moquez-vous de moi ?
Suis-je un nigaud, un âne, un cancre?
Sur ce tableau qu'est-il écrit ?

Vous nous promettez de l'esprit,
Et vous nous vendez, quoi ? — De l'encre ;
De l'encre, je le dis tout net,
De l'encre tout-à-fait pareille
A celle que dans leur cornet
Ont mise et Molière et Corneille.
Tous les traits qu'ils font admirer
Sortent de semblables bouteilles ;
Celle-ci contient des merveilles,
C'est à vous à les en tirer. »

Je le dis de toute matière
Que le talent doit exploiter.
Un sujet est-il à traiter ?
Chacun le traite à sa manière,
Et le fait ou mauvais ou bon.
Aux Grecs j'en demande pardon,
Mais la Phèdre de Jean Racine
Et celle de monsieur Pradon
Ont toutes deux même origine.

FABLE VIII.

L'HERMINE.

L'épouse du facile Othon,
Poppée, aux baisers de Néron
Livra sa jeunesse adultère.
Avec les maîtres de la terre
On risque gros à dire non,
Disait-elle en faisant l'aimable.
Soit ; mais, dans un cas tout semblable,
La fille d'un noble guerrier,
Comme l'hermine de ma fable,
Dit, offrant au fer meurtrier
Son sein, qui n'était pas coupable :
Mieux vaut mourir que se souiller.

FABLE IX.

LES BÉQUILLES.

Un docteur, non, mais un lettré
(C'est ici le mot propre en vers ainsi qu'en prose ;
D'autant plus qu'il n'est pas tout-à-fait démontré
Que docteur et lettré soient une même chose,
L'un dans l'autre toujours ne s'est pas rencontré) ;
Un lettré donc un jour aux deux sectes rivales
Qui divisent l'école au bord du fleuve Bleu
Disait : Mes bons amis, expliquons-nous un peu
    Sur les questions principales.
  Chacun de vous, si je vous comprends bien,
    Admet l'existence du Tien,
    Éternel et souverain maître
    De l'univers qu'il a formé,

Et qui pour ses bienfaits ne veut rien qu'être aimé
    Du genre humain qui lui doit l'être.
    — Nous l'honorons, nous l'adorons,
    S'écria l'assemblée entière.
— Oui; mais dans quel langage et de quelle manière ?
    Voilà sur quoi nous différons,
Dit un jukiao, très-fort sur la matière.
Monsieur, pour le prier, se met sur ses talons,
Monsieur sur ses genoux, monsieur sur son derrière :
Est-ce là le maintien qui sied à la prière?
    Moi, j'ai pour Dieu plus de respect :
    Dans son temple aussitôt que j'entre,
    M'humiliant à son aspect,
    Je me prosterne sur le ventre,
    Et je l'invoque en bon chinois,
    Langue qu'il comprend et qu'il aime,
Tandis que maint benêt lui parle en lanternois,
    Jargon qu'assez souvent, je crois,
Le bonze qui s'en sert ne comprend pas lui-même.
    — Il se peut, mais Dieu le comprend,
    Dit avec un léger sourire
Le philosophe, il est aussi bon qu'il est grand,

Et dans ce qu'on lui dit son indulgence entend
    Ce qu'on croit, ce qu'on veut lui dire.
    Continuons à l'adorer
    Sans nous quereller sur la forme.
Ce zèle intolérant prêt à vous dévorer,
Des vices, à ses yeux, voilà le plus difforme.
Quant aux salamaleks, croyez, mes bons amis,
    Qu'il n'en fait nulle différence :
Un père a-t-il jamais chassé de sa présence
    Le fils maladroit mais soumis
    Qui lui fait mal la révérence?
Vos superstitions, que vous osez nommer
D'un nom sacré, n'ont rien qui le flatte ou le blesse :
Sur ce point n'allez donc pas trop vous enflammer.
    Ce sont des bâtons qu'il vous laisse
    Pour appuyer votre faiblesse,
    Et non pas pour vous assommer.

FABLE X.

LA POSTE AUX ANES.

A M. CASIMIR DELAVIGNE,
L'UN DES QUARANTE DE L'ACADÉMIE FRANÇAISE.

Entendez-vous parler les sots ?
Ils sont propres à tout, et, s'il faut les en croire,
Les gens d'esprit à rien. Confrère, à ce propos,
    Je veux vous conter une histoire,
Ou, si vous l'aimez mieux, une fable. On dira
    Peut-être que ces deux mots-là
Ont un sens différent. Qui voudra gloser, glose.
Donnez à mon récit le nom que vous voudrez,

Puis entre nous conviendrez
Qu'histoire et fable sont à peu près même chose;
Mais avant tout vous m'entendrez.
Par les ânes jadis la poste était servie.
En ce temps-là sans doute on n'était pas pressé;
On s'entend aujourd'hui mieux que par le passé
A tirer parti de la vie.
Accélérer le mouvement,
Multiplier le temps par la vitesse,
C'est tout. L'activité vit plus en un moment
Qu'en un jour entier la paresse.
Convaincu de ce fait, voilà qu'un beau matin
Un nouveau directeur des postes congédie,
Sans en excepter un, ses roussins d'Arcadie,
Qui, sans même achever leur dernier picotin,
L'oreille basse, ont pris la route du moulin.
Dans l'écurie et sur le grand chemin
Tout change à l'instant même et d'aspect et d'allure :
Au lieu de la bourrique, en place du baudet,
Humble et lent attelage, indolente monture,
La jument sémillante et le fringant bidet
Trottent dans le brancard, ou devant la voiture.

Ainsi, quand on voit d'aventure,
A Madrid, à Naple ou céans,
Le trône s'affaisser sous des rois fainéans,
Le palais aussitôt prend une autre figure,
Et d'un poste usurpé maint favori chassé
Par l'homme instruit ou brave est soudain remplacé.
Mais, comme Aliboron le fit en cette affaire,
Ils ne s'éloignent pas sans braire,
Sans accuser ces insolents rivaux,
Des droits les plus sacrés violateurs profanes,
Sans crier contre les chevaux
Qui prennent la place des ânes.
Les choses n'en vont pas plus mal.
Mais tout va fort mal, au contraire,
Quand l'âne (et c'est fort ordinaire)
A pris la place du cheval.

FABLE XI.

LA FLUTE.

Après un fort bel opéra
Où, charmant toutes les oreilles,
La flûte avait fait des merveilles :
Onc, dit-elle, on ne soupira,
D'une voix plus douce et plus tendre,
Les beaux airs que j'ai fait entendre.
Aussi comme on applaudissait !
Faisant trêve à toute dispute,
En *chorus* comme on s'unissait
Pour répéter : Bravo la flûte !
Pas de génie égal au mien !
— C'est là, dit un musicien,
Raisonner comme une pantoufle.
Flûte, il est vrai tu chantais bien,
Mais tu chantes comme on te souffle.

FABLE XII.

LE MAGASIN A POUDRE.

Le beau pays que celui-ci !
Tout me sourit en cet asile.
Combien je me plairais ici !
Le vallon de Montmorency
N'est pas plus gai, pas plus tranquille.
Fatigué du monde et du bruit,
Je veux, et ce n'est pas un caprice, une envie
    Qu'un moment produit et détruit,
Dans ce château, qui semble exprès pour moi construit,
    Je veux finir ici ma vie.
    J'ai droit, à soixante ans, je croi,
    D'être heureux enfin comme un roi.
—Comme un roi ! c'est bien dit si tu peux te résoudre,

S'écrie un artilleur qui soudain se fait voir,
   A camper du matin au soir
Et du soir au matin sur des barils de poudre.
La paix de cet asile est celle d'un état
   Qu'opprime un imprudent ministre.
Bien fou qui se confie à ce calme sinistre.
Pour renverser avec un effroyable éclat
   Cette prison qui la recèle
   Ainsi qu'un peuple mécontent,
   La poussière en ces lieux n'attend
   Que la plus légère étincelle.

FABLE XIII.

LE NOYER ET LE PEUPLIER.

Au bord d'un grand chemin, près d'un long peuplier,
    Croissait un gros et grand noyer.
    Trésor de son propriétaire,
    Des méfaits de plus d'un larron
    Il était aussi tributaire ;
    Car tant que la triste saison
N'avait pas de ses noix fait tomber la dernière,
    Au hameau pas de polisson,
    De grand ou de petit garçon,
    Qui ne vînt lui jeter la pierre.
    —Mais pourquoi tant d'acharnement ?
Mais comment, lui disait l'arbre au tremblant feuillage,
    Se fait-il qu'aucun garnement

Ne passe sans te faire outrage,
Tandis qu'on me respecte, moi ?
—Hélas ! lui répond l'arbre utile,
Je vivrais en paix comme toi
Si comme toi j'étais stérile.

Veux-tu vivre en paix ici-bas,
Toi que le ciel dota d'esprit ou de génie ?
Crois-moi, fais-en l'économie ;
Végète, ami, ne produis pas.

FABLE XIV.

L'UNITÉ ET LES ZÉROS.

Des zéros rangés à la droite
De la plus modeste unité,
Comparant à sa taille étroite
Leur panse et leur rotondité,
Et, comme tant de gens en place,
S'estimant d'après la surface
Que recouvrait leur nullité,
Par forme de plaisanterie,
Lui disaient : Général, estimons, je vous prie,
Ce que vous vaudriez sans nous. — Sans vous, soldats ?
Peu de chose, un, rien qu'un. Pour me suivre aux combats,
Quand sous mon ordre ainsi vous vous placez en file,
En ligne veux-je dire, amis, je le sais bien,
Grace à vous, je vaux dix, je vaux cent, je vaux mille.
Mais sans moi que valez-vous ? rien.

FABLE XV.

LE SAGE OU L'ANE.

L'ANE a plus d'une qualité ;
On peut être, il est vrai, plus belliqueux, plus leste,
A plus de grace unir plus de docilité ;
On pourrait mieux chanter ; mais est-on, quant au reste,
Est-on plus patient, plus sobre, plus modeste ?
« Plus modeste ! ceci mérite attention,
Dira quelque cheval, si dans quelque manége
    On me lit par occasion.
Avez-vous oublié qu'à notre exclusion
Il voulut de la poste avoir le privilége?
— Eh ! qu'importe ce fait à notre opinion ?
    Comme pour l'homme et pour l'aigle,
    Pour l'âne est-il une règle
    Qui soit sans exception ?

A tous les compliments, oui, l'âne peut prétendre.
    J'en ai la preuve en ce canton.
Sous le nom de Martin, j'y vois plus d'un Caton.
    Et, si je cherchais bien, dit-on,
    J'y verrais même un Alexandre. »
« Ah ! que je suis heureux ! disait un jour Martin,
    Un jour de fête solennelle,
    Un jour que, sans bât et sans selle,
    Il paissait au pied du moulin.
— Heureux ! dit Rossinante, à qui la même fête
Donnait aussi vacance. Heureux ! eh ! pauvre bête,
    Que t'est-il advenu d'heureux ?
En honneur de son saint, une fois généreux,
    Le maître, en sa munificence,
    T'a-t-il promis double pitance ?
Va-t-on t'enharnacher de neuf ? » Aliboron,
Sans perdre un coup de dent, du geste répond : Non.
    Notre bourgeoise, par caprice,
    Te retient-elle à son service ?
Elle est de poids. Pourtant, je ne puis le nier,
C'est un paquet moins lourd que le sac du meunier.
Au change tu pourras trouver du bénéfice. »

Par signe encor Martin dit : Non.—Attens,
Pour cette fois, j'y suis. Ces charlatans
Qui vont quêtant de commune en commune,
 Sur ton dos plaçant leur fortune,
 T'ont loué pour courir les champs,
 Et tu vas, comme aux temps gothiques,
 Où l'on voudrait nous ramener,
 Au milieu d'eux te pavaner,
 Chargé d'avoine et de reliques.
—Eh non! réplique encor le moins sot des grisons.
Je suis heureux des biens qu'ici le ciel m'octroie,
 (Il parlait comme les Bourbons);
Ne cherche pas plus loin la cause de ma joie;
 J'ai du repos et des chardons.

S'accommoder du sort auquel Dieu nous condamne,
 Voilà le propre du bon sens..
Sans te compter, lecteur, combien d'honnêtes gens
 N'ont pourtant pas le sens d'un âne!

FABLE XVI.

LA BARRE DE FER.

L'ADVERSITÉ souvent conduit à la fortune;
    Sur mille preuves j'en cite une.
    Sans la choisir, un ouvrier
    Dans un tas de vieilles ferrailles
Prend une barre, et puis la porte à l'atelier.
    La retournant dans ses tenailles,
    Que faire d'un pareil morceau ?
Un instrument de guerre, ou de table, ou de poche?
    Il est bien long pour un couteau !
    Il est bien court pour une broche !
    Ne serait-il donc bon à rien ?
    Prenant un parti mitoyen

LIVRE I.

(C'est souvent le meilleur), la forge est allumée,
 Et vite il met l'ouvrage en train.
 On croirait voir l'ardent Vulcain
 Dans son officine enfumée
S'évertuant, suant autour du fer grossier
 Qu'il veut convertir en acier.
Dérouillée, effilée, affilée et trempée,
De l'eau portée au feu, du feu jetée à l'eau,
 Bref sous la lime et le marteau
 La barre se change en épée,
 Non toutefois sans en frémir,
 Non toutefois sans en gémir,
Sans détester avec cette triste aventure
 Le Cyclope qui la torture
 Pour en faire un estramaçon.
L'ignorante gagnait pourtant à la façon.
Comme on ne vit jamais de lame aussi soignée,
A la lame on voulut assortir la poignée;
 On la lui fait d'ivoire et d'or.
 Un roi convoite ce trésor;
 La barre s'enrichit encor
 Des plus gros brillants de Golconde.

Il l'avait achetée ; un soldat la lui prend :
　Elle est aux mains d'un conquérant.
　La voilà le sceptre du monde.

FIN DU LIVRE PREMIER.

LIVRE DEUXIÈME.

LIVRE DEUXIÈME.

FABLE I.

LE RÉMORA [8].

Secondé par les vents, guidé par les étoiles,
Sur les flots onduleux poussé par le zéphyr,
　　Vers les bords parfumés d'Ophir
Un vaisseau tyrien voguait à pleines voiles.
　　Ce n'était pas pour son plaisir
Que l'armateur avait entrepris ce voyage.
　　Marchand, il courait se saisir
Des trésors que le ciel prodigue à cette plage;

Et, prenant courir pour tenir,
Déja dans sa cervelle il en réglait l'usage.
Comme fit Salomon, comme fait aujourd'hui
Mahmoud, qui me paraît aussi sage que lui,
    Renouvelant son harem et ses caves,
Achetant de vieux vins et de jeunes esclaves,
    Encore alerte et vigoureux,
    Il se donnait en espérance
    Tout ce qu'il faut pour vivre heureux
    En Orient et même en France.
Entrevoyant la terre où tendaient tous ses vœux,
Il s'y croyait enfin. A descendre il s'apprête,
    Quand soudain le vaisseau s'arrête.
Rien de changé pourtant dans le ciel, sur les mers;
    De la voile toujours tendue,
Le vent toujours propice enfle encor l'étendue;
Doucement il agite et les eaux et les airs,
    Et, sur la vague encore émue,
Pas plus qu'un roc pourtant le vaisseau ne remue.
    Il résiste même à l'effort
De cent bras obstinés à fatiguer les rames,
    Tandis que, de maint et maint bord,

Bien après lui parti du port,
Maint railleur en passant l'accable d'épigrammes.
 Et d'où provenait tout le mal?
D'un poisson; non pourtant du poisson colossal,
 Vivant écueil, épaisse masse
Qui trois jours à Jonas 9 a servi d'hôpital,
Et dont, quelques mille ans après, sur cette place
Où certain roi de bronze est tombé de cheval 10,
Pour trente sous, Kessel m'a montré la carcasse;
Mais d'un poisson chétif appelé rémora,
Poisson presque aussi mince, auprès d'une baleine,
 Qu'un Firmin auprès de Talma 11,
Que Gosse 12 ou bien moi-même auprès de La Fontaine.
 Vous expliquer par quel pouvoir
Un embryon pareil arrêtait dans sa marche
 Un navire aussi grand que l'arche,
 Cela surpasse mon savoir.
 Nous bornant, sur cette matière,
 A professer l'opinion
 De l'antiquité tout entière,
 Concluons, sans digression,
Qu'à nos succès souvent la carrière est fermée

Par un être invisible au fond de son néant,
Et que pour abattre un géant
Il suffit parfois d'un pygmée.

FABLE II.

LE BEAU LIVRE ET LE BOUQUIN.

Debout sur la même tablette,
  Deux livres chez un vieux marchand
En silence attendaient qu'un honnête chaland
  S'y présentât pour faire emplette.
Nos cousins différaient un peu par la toilette.
  Paré de plus riches habits
Qu'un curé n'en peut mettre en son plus beau dimanche,
Vêtu de maroquin, de moire et de tabis,
  Et, qui plus est, doré sur tranche,
D'un dos aussi doré, l'un des deux fièrement
  Étalait le large ornement :
On eût dit un missel. En habit tout profane,
  L'autre, dans la simple basane,

Ne brillait guère plus, auprès de cet éclat
   Dont le reflet encor me frappe,
   Qu'un moine à côté d'un prélat,
   Qu'un enfant de chœur près d'un pape.
C'était un vrai bouquin. Les sots, les ignorants
   Les désœuvrés (c'est tout un d'ordinaire)
Allaient, venaient, jetant des yeux indifférents
   Sur la boutique du libraire ;
Mais aucun d'eux n'entrait. Enfin voici venir,
   Non pas un savant, mais un homme
   Qui pourrait bien le devenir,
   Car il sait déja lire; et comme
Sans avoir lu jamais il n'a pu faire un somme,
   Il lui faut un bon livre.—Un bon?
   Prenez ceci, dit le barbon.
   Et, sans tâtonner, il lui donne,
   Non le volume en maroquin,
   Mais, s'il vous plaît, le vieux bouquin.
Lecteur, autant que vous l'acheteur s'en étonne.
Mais c'est bien autre chose, alors que le vendeur
   De ce bouquin-là lui demande
   Une somme dix fois plus grande

Que le prix qu'il attache à toute la splendeur
Par où l'autre exemplaire aux yeux se recommande.
—Si j'en exige un prix pareil,
Disait-il, c'est à juste titre.
Écoutez l'excellent conseil
Que contient son premier chapitre.
Page quatre, on y voit écrit,
Poursuivait le marchand d'esprit :
« Quand il s'agit de l'être avec qui tu dois vivre,
« Garde-toi bien d'un choix subit.
« Belle reliure et bel habit
« Couvrent souvent un très-sot livre. »

FABLE III.

LE HOUX ET LE LAURIER.

Laissons à chacun sa coiffure,
Disait Minerve à Mars ; et, si ton front guerrier
Veut n'avoir qu'un rameau toujours vert pour parure,
Couronne-toi de houx ; le houx à ta figure
    Sied aussi bien que le laurier.
    —Vous oubliez, je l'imagine,
Dit le dieu dont la terre encensa trop l'autel,
    Que, sous son feuillage immortel,
    Le houx cache plus d'une épine.
    — Non, mon frère, et raison de plus
    Pour abandonner à Phébus
L'arbuste inoffensif que ton orgueil veut ceindre.
    De ses triomphes, entre nous,

La pauvre humanité n'a pas trop à se plaindre.
Ne lui doit-elle pas ses plaisirs les plus doux ?
Mais les tiens ! songe à l'art affreux qui te les donne,
Aux murs couverts de cendre, aux champs couverts de
    Et souffre, en guise de remords,   [morts;
    Des épines à ta couronne.

FABLE IV.

LES DEUX CRUCHES.

Avec un peu de terre et d'eau,
On fabrique une cruche, comme
Pour peupler le monde nouveau,
Dieu fabriqua le premier homme.
Deux cruches au même métier,
Ou plutôt sur la même roue,
De la main du même potier
Faites avec la même boue,
N'ont pourtant pas le même sort.
Sous clef, comme en un coffre-fort,
Au fond d'une armoire établie,
L'une y dort plus profondément
Que nos immortels d'un moment

Au fauteuil de l'Académie ;
On n'y touche qu'avec respect,
Comme à ces vases symboliques
Que l'Égyptien circonspect
Mettait au rang de ses reliques.
L'autre, passant de main en main,
Non sans danger pour sa bedaine,
Vingt fois par jour fait le chemin
De l'antichambre à la fontaine,
Ou, dans ses moments de repos,
Siége auprès de l'humble terrine,
Reléguée avec les vieux pots
Dans un des coins de la cuisine.
Savez-vous à quoi cela tient ?
— A leur valeur. — Non pas ; à celle
Qu'en sa rotondité contient
Le ventre de chaque jumelle,
Valeur très-dissemblable, car
(Je le sais du propriétaire)
L'une est pleine d'un vrai nectar,
Et l'autre d'eau tout au plus claire.
Morale : On ne peut pas toujours

Folâtrer comme les amours,
Courir de conquête en conquête.
Ce temps passé, mes bons amis,
Ce qu'en sa cervelle on a mis
Fait seul tout le prix de la tête.

FABLE V.

LES ENTONNOIRS.

« Le trait est-il assez noir ?
S'écriait un entonnoir,
Du fond de sa vaste gueule.
M'accuser d'aimer le vin,
Moi qui de ce jus divin
N'ai pas dans tout mon corps une goutte, une seule ! »
« On m'accuse d'aimer l'argent,
Et d'en exiger largement,
Soit pour parler, soit pour me taire,
Disait un orateur ; que le monde est méchant !
Ai-je un sou dans mon secrétaire ? »

FABLE VI.

LES VOLCANS.

Le Vésuve entrait en fureur ;
Le bruit souterrain du tonnerre,
Les convulsions de la terre,
Partout autour de lui répandaient la terreur.
Parmi les tourbillons de flamme et de fumée
Qu'exhalait la fournaise en ses flancs allumée,
Des profondeurs de ses rocs entr'ouverts
S'épanchent en fleuve rapide
L'ardent limon, le feu liquide,
Qui roulaient en hurlant, mêlés aux flots des mers,
Leurs flots vomis par les enfers.
Partout où dans leur cours on les voit se répandre,
Fruits et fleurs, tout périt. Les bosquets, les vergers,

Le toit des grands seigneurs, le chaume des bergers,
    Tout s'embrase, tout est en cendre.
La cendre a recouvert ces champs hier si beaux;
    La cendre aussi les enveloppe,
Les temples, les palais, les murs de Parthénope,
    Nouvelle cité des tombeaux,
Où, circulant en file au milieu des décombres,
Ainsi qu'aux bords du Styx les gémissantes ombres,
De ces bords désolés les pâles habitants
Vont encapuchonnés du sac des pénitents,
La discipline en main dans leurs cérémonies,
    Psalmodiant les litanies,
    Et s'égosillant à crier :
Secourez-nous, bon saint Janvier !
« Saint Janvier, bonnes gens, non plus que saint Eustache,
En ce-cas ci, pour vous ne peut rien que je sache.
Cependant, les fléaux qui vous sont envoyés
Sont encor des bienfaits que le ciel vous dispense;
Et ce mal, moins affreux que vous ne le croyez,
    Prépare un bien qui le compense.
La grêle a ses trésors, dit Job à ses amis [13].
    Les trésors qui vous sont promis,

Les valent au moins, je le pense. »
Ainsi parlait à nos gens ébahis
Certain spéculateur qui, docte en toutes choses,
Dès ce temps raisonnait des effets et des causes,
Comme monsieur Pangloss ou monsieur Azaïs.
« De la lave qui vous inonde,
La vigne, ajoutait-il, renaîtra plus féconde.
C'est à cet engrais-là du Vésuve sorti,
Voilà bientôt cinq cents années,
Que depuis quatorze ans ces rives fortunées
Doivent le *lacryma Christi* 14.
Vous ne lui devrez pas des vins moins délectables,
Futures générations.
Les volcans, quoi qu'on dise, et leurs éruptions,
Au genre humain sont profitables.
— Comme les révolutions,
Réplique à ce sophiste un sage véritable.
Ce sont trésors pareils ; produit net de tous deu.
Pour l'avenir des biens douteux ;
Pour le présent un mal inévitable. »

FABLE VII.

LA ROSE ET LE PAVOT.

Par la forme et par les couleurs,
Semblable à la reine des fleurs,
Certain objet, du sein de l'herbe,
Où le hasard l'avait semé,
Au milieu de l'air embaumé,
Dressait une tête superbe.
Impatient de m'enivrer
Des parfums que sans doute exhale
Cette corolle virginale,
Et qu'elle incline à me livrer,
A la cueillir je me dispose.
Quelle étrange métamorphose

Sous mon nez s'opère aussitôt !
Il ne trouve, hélas! qu'un pavot
Où mes yeux voyaient une rose.
Contre nos premiers jugements
Souvent la prudence réclame.
Ne prononçons pas sur les gens
Sans savoir ce qu'ils ont dans l'ame.

FABLE VIII.

LA HOTTE ET LE CERISIER.

— Je porte en mon ventre d'osier
Plus de fruits que tu n'as de feuilles,
Disait la hotte au cerisier.
Mais toi, qu'est-ce que tu recueilles ?
— Ne sais-tu pas que tous les fruits
Qui remplissent ta large panse
A mes bras doivent la naissance ?
Mais toi, qu'est-ce que tu produis ?

FABLE IX.

LE POIRIER.

En vérité je vous le dis,
Nul n'est prophète en son pays :
Jean Chouart [15] dans son presbytère
Vivait (non pas tout seul, disaient les envieux)
Des produits de son ministère.
Chez lui tout allait pour le mieux,
L'article du décès, l'article du baptême,
Celui du mariage même,
Car on avait des mœurs dans la paroisse. Mais
Le plus clair de son bénéfice
Venait moins des vingt sous qu'il n'oublia jamais
D'accepter avant chaque office,
Que des tributs payés par les sots du canton,

Qui, là tout comme ailleurs, se comptaient par centaines.
Que de tributs payés pour messes, pour neuvaines
En l'honneur d'un grand saint dont j'ai perdu le nom !
Mais qu'importe, le nom ne fait rien à l'histoire.
Ce qui beaucoup y fait, c'est qu'un saint si fameux,
Qui sans doute est là-haut tout brillant de la gloire
    Que revêtent les bienheureux,
   Dans la chapelle un peu mesquine
   Dont il enflait le revenu,
N'offrait aux yeux qu'un bloc informe et vermoulu,
   Dont Jeannette n'eût pas voulu
   Faire un billot pour sa cuisine.
Tel qu'il était, pourtant, par le peuple hébété
   Ce bloc invoqué d'âge en âge,
    N'en était pas moins fêté
   Plus qu'aucun saint du voisinage.
   Mais ici-bas rien d'immortel.
Le temps outrage tout de sa dent importune.
   Et les saints même sur l'autel
   Sont sujets à la loi commune.
Messire Jean Chouart voyant, de mois en mois,
   Son saint Paul ou bien son saint Pierre

Tomber, se dissoudre en poussière,
Crut pouvoir remplacer ce visage de bois
 Par un saint de même matière.
Il avait un poirier, un poirier bon-chrétien [16].
 « Cet arbre, autrefois si fertile,
 Aujourd'hui n'est plus bon à rien :
N'en peut-on faire un saint ? disait-il. — C'est facile :
 On en fait de bois plus vilain, »
 Répond Jérôme, sacristain,
 Et de plus sculpteur très-habile
Pour un charron; et vite à l'œuvre il met la main.
 Il abat l'arbre et l'ébranche et le taille,
  Et le dépèce et le travaille,
  Et puis le peint; car, Dieu merci,
Si Jérôme est sculpteur, Jérôme est peintre aussi.
Bref, en moins de huit jours le patron dans sa niche
  Est remplacé par un postiche,
  Et du pâtissier tour à tour
  Ses débris vont chauffer le four.
  Inauguré par la fabrique,
  Le remplaçant, dans sa boutique,
  Du plus pur encens parfumé,

Et par vingt cierges enfumé,
Cependant attendait pratique ;
Et plein de la conviction
Qu'une si brillante toilette
Accroîtrait la dévotion,
Et conséquemment la recette,
Jean Chouart rayonnait de jubilation.
Erreur : car à l'instant où la déconvenue
Du saint dégoté fut connue,
L'autel que cette bûche achalandait, perdit
Son crédit.
Chacun d'oublier ses promesses.
Plus de neuvaines, plus de messes.
Et d'où vient cela, dites-moi ?
Répétait Jean Chouart. Le cœur tout en émoi,
Tandis qu'il cherchait en lui-même
La solution du problème,
Devant l'inauguré passe un vieux chevrier,
Garçon fort dévot, fort honnête,
Et qui garde pourtant son bonnet sur sa tête.
Jean Chouart de se récrier
Contre un tel sacrilége, et Jean Chouart de dire :

« Devant le saint pourquoi ne viens-tu pas prier ?
— Un saint cela, vous voulez rire !
Ne l'avons-nous pas vu poirier ? »
Ce chevrier dans son langage
Traduisait ce qu'a dit le sage :
« En vérité je vous le dis,
Nul n'est prophète en son pays. »

FABLE X.

LA CUISINE.

Tout frais venu de sa province,
Où l'on vit très-frugalement,
Où le carême on fait une chère assez mince,
Et le carnaval mêmement,
Garo, je ne sais trop comment,
Se trouvait au dîné du prince
Un jour de bombance, et, je crois,
Précisément le jour des Rois.
Il y jouissait en convive,
Bien qu'il n'y fût que spectateur.
A chaque plat nouveau qui sur la table arrive,
Le voyez-vous, benoît lecteur,
Témoigner nouvelle surprise?

Sous le luxe qui les déguise
Ne reconnaissant pas les mets les plus communs,
Pour lui tout est nectar et tout est ambroisie ;
 Il s'enivre de leurs parfums,
 De leur vue il se rassasie.
« Pourrait-on voir, dit-il en sortant du gala,
 Où se fricasse tout cela ?
 — En auriez-vous la fantaisie ?
 Suivez-moi, dit un sommelier ; »
 Et les voilà dans l'atelier
 Où Mignot[17] dicta ses oracles,
Où, coiffés d'un bonnet et ceints d'un tablier,
En léger casaquin, Méot et Beauvillier [18]
 Ont fait pour nous tant de miracles.
 Garo se croit chez Lucifer.
 A la lueur d'un feu d'enfer,
En effet, à travers une épaisse fumée,
Dans les objets hideux en ce charnier épars,
 Qu'aperçoit-il de toutes parts ?
La nature écorchée, écaillée ou plumée.
Près du chevreuil ici pend l'innocent agneau ;
 Là, frappés du même couteau,

Au croc qui déja les rapproche,
Le modeste chapon, l'orgueilleux dindonneau
 Attendent qu'un arrêt nouveau
 Les enfile à la même broche.
 Là, le glaive jamais ne dort;
 Sur des tables toujours sanglantes,
Là des membres fumants, là des chairs pantelantes,
 Là partout l'horreur et la mort.
 « Suis-je sur un champ de victoire ?
Dit le pauvre homme à qui ces cadavres divers
 Rappellent ceux dont sont couverts
Ces champs où les héros fricassent de la gloire.
Sortons vite : au frisson dont je me sens saisir
 Je vois bien qu'il est nécessaire,
Pour goûter la cuisine avec quelque plaisir,
 De ne pas la regarder faire. »

FABLE XI.

LES DÉS PIPÉS.

Quand je songe à l'ordre admirable
Qui régit ce vaste univers;
A travers le cristal des airs
Quand je vois les astres divers,
Dans l'espace incommensurable,
Par les mêmes chemins et dans le même temps,
Décrire les mêmes orbites,
Et la comète même à des règles prescrites
Assujettir ses mouvements;
Riant sous les lilas dont mon front se couronne,
Dans mon jardin, trois mois par l'hiver attristé,
Quand je vois le printemps, avec fidélité,

Tous les ans précéder et ramener l'été
Qui tous les ans précède et ramène l'automne ;
    Amis, j'ai peine à concevoir
    Qu'un si magnifique système
Ne vous démontre pas, aussi bien qu'à moi-même,
    D'une intelligence suprême
    Et la présence et le pouvoir.
Sur ce point là je suis, je ne saurais m'en taire,
    Tout aussi bête que Voltaire,
« L'univers m'embarrasse, et je ne puis songer
Que cette horloge existe et n'ait pas d'horloger. »
Des gens, sur d'autres points dignes pourtant d'éloge,
Sans horloger voudraient faire aller cette horloge :
« Dieu qui n'existe pas n'a pris aucune part
« A la confection de la pauvre machine
    « Dont tu méconnais l'origine ;
« Le hasard a tout fait et tout marche au hasard, »
Disaient-ils l'autre jour, après mainte apostrophe
A certain bachelier dans leur cercle tombé,
    Mais qui, sous un manteau d'abbé,
    Leur cachait un vrai philosophe.
    Las enfin de les sermoner,

Las enfin de s'époumoner
A prêcher pareil auditoire,
Ce bachelier s'esquive, et mes bavards de croire
Qu'il leur a cédé la victoire ;
Mais revenant presqu'aussitôt :
« Messieurs, dit-il, encore un mot ; »
Et jetant deux dés sur la table :
« Puisque les arguments ici ne prouvent rien,
« Consultons le hasard ; peut-être est-ce un moyen
« De savoir qui du monde est l'auteur véritable.
« Chaque fois qu'ils auront roulé sur ce tapis,
« Si ces dés à vos yeux n'offrent pas double-six,
« Je me tiens pour battu. » Parlant ainsi, notre homme
A chassé les dés du cornet.
« Comptez, messieurs, sonnet ! Comptez encor, sonnet ! »
Sonnet, toujours sonnet, sonnet ! Si bien qu'en somme,
Au nombre six, de tous côtés,
Ces dés semblaient numérotés.
« Vous rendez-vous à l'évidence ?
« Vos doutes sont-ils dissipés ? »
Disait-il, cependant. — « Tu plaisantes, je pense.
« Ces dés, qui peuvent bien fournir à ta dépense,

« Ces dés à coup sûr sont pipés, »
D'une commune voix lui répond l'assistance ;
« A chaque nouveau coup ramener même chance,
« Est-ce un fait du hasard? »—« Non, j'en tombe d'accord.
    « Mais ai-je entre nous si grand tort
    « Quand sur ce fait-là je me fonde
  Pour croire le hasard tout-à-fait étranger
    « Au gouvernement de ce monde,
« Qui, se renouvelant tous les jours sans changer,
    « Aux mêmes lois toujours fidèle,
« Suit à travers les temps sa routine éternelle ?
    « Si le hasard était du jeu,
    « Chaque jour, par quelque équipée,
    « Ne mettrait-il pas tout en feu,
« Tout sens dessus dessous ? Oui, j'en crois votre aveu,
    « Messieurs, la nature est pipée. »

FABLE XII.

LES DEUX CORDONS.

J'aime fort ce ruban dont l'ardent incarnat
    De la valeur et du génie
    A mes yeux réfléchit l'éclat,
Et me fait honorer, dans un simple soldat,
Ou dans l'humble inventeur d'une heureuse industrie,
    Une tête utile à l'état,
    Un bras utile à la patrie.
Des plus nobles travaux c'est le plus noble prix.
Mais puis-je en dire autant du cordon bleu céleste
    Dont le troisième des Henris
    Bariolait ses favoris,
Et que monsieur Corbière [19] étalait sur sa veste ?

Je ne sais par quel hasard,
Ce prix de plus d'un office
Se rencontrait à l'écart,
Près d'un certain lacet noué par la justice,
Lacet qu'elle appelait la hart.
Indigné d'un tel voisinage,
Comme il pestait en son langage :
« Moins d'orgueil, mon cousin, répond l'autre licou,
Plus souvent que tu ne le penses
On voit l'infame aussi te porter à son cou.
Mais ce que je punis, toi tu le récompenses. »

FABLE XIII.

LA SIGNATURE.

Après quatre ou cinq mois de guerre,
Au sens commun rendu par la misère,
De bons bourgeois, las de se chamailler
   Et las aussi de ferrailler,
 Avaient enfin posé les armes.
La joie aussitôt rentre où régnaient les alarmes.
   Tous les braves de la cité,
Les marguilliers, le maire et l'université,
   Qu'un banquet fraternel rassemble
   Autour d'un muid de punch au rhum,
Célèbrent à tû-tête, après le *Te Deum*,
L'ineffable bonheur de s'enivrer ensemble.

Tout en buvant, de guerre on raisonna,
Et tout en raisonnant on se déboutonna
    Pour faire voir ses cicatrices,
Plus fier, en étalant ces glorieux indices,
Des coups que l'on reçut que des coups qu'on donna.
Notez qu'envers l'auteur de sa noble infortune
    On n'entendait pas un blessé
    Exprimer la moindre rancune.
A qui diable, après tout, aurait-il adressé
    Une algarade inopportune ?
    Du régiment qu'il avait combattu
    Quel soldat l'avait abattu ?
A sa balle un soldat met-il sa signature ?
Nos héros de ce fait très-peu s'embarrassaient.
    Les yeux en pleurs ils s'embrassaient,
Quand survient un monsieur : c'était un publiciste,
    Un nouvelliste, un journaliste,
Qui, détestant l'épée et non pas les combats,
    Pendant le cours des longs débats
    Auxquels ce jour mettait un terme,
De la plume s'était escrimé fort et ferme
Contre l'un, contre l'autre. A bas! à bas, à bas!

S'écrie aussitôt l'assemblée.
Que vient ici chercher ce félon, ce pendard ?
A la porte ! et, sans nul égard,
A la porte il est mis d'emblée.
Sur la foi des traités il espérait en vain
Trouver un coin parmi les places désignées.
Point de pardon pour l'écrivain,
Toutes ses balles sont signées.

FABLE XIV.

LE BŒUF GRAS.

Vois-tu comme ton oncle est beau ?
Disait une vache à son veau,
En lui montrant un bœuf dont la riche parure
Éblouissait tout le quartier,
Et qui se perdait tout entier
Sous la pourpre et sous la dorure.
La pourpre en larges plis se drapait sur son dos,
Et, prodigalité sans bornes !
L'or qui rayonnait sur ses cornes
Luisait jusque sur ses sabots ;
L'or se tressait aux fleurs qui couronnaient sa tête :
Aussi la portait-il avec solennité

Et d'un air plein de dignité.

Tel marchait en ses jours de fête,

L'antique Apis; tel marche encor le vice-Dieu,

Quand le front ceint de la triple couronne,

A la foule qui l'environne,

Tout en psalmodiant saint Luc ou saint Mathieu,

Il va distribuant, dans ses munificences,

L'eau bénite et les indulgences.

O le magnifique animal!

(C'est du bœuf qu'il s'agit) d'un ton sentimental

S'écriaient les passants, qui tous n'étaient pas ivres;

Au monde il n'a pas son égal.

En effet il pesait deux mille cinq cents livres,

Et le plus lourd de tous les rois

N'en pesa que cinq cent vingt-trois [20].

Du triomphe de son beau-frère

Voulant jouir jusqu'à la fin,

Dame Io le suivait, et déja la commère,

Dans ses illusions de mère,

Du neveu d'un bœuf gras faisait presque un dauphin.

Mais elle apprit bientôt que la route fleurie

Où marchait le triomphateur

Aux applaudissements d'un peuple admirateur,
    Menait droit à la boucherie.

On voit plus d'un navire échouer par le vent
    Que le nocher croyait propice,
    Et nous savons qu'assez souvent
Le chemin du triomphe est celui du supplice.

FABLE XV.

L'ÉLÉPHANT ET LE CORNAC.

Le plus gros animal qui soit sorti de l'arche,
Sans même en excepter l'épais rhinocéros,
C'est l'éléphant. Quels reins! quelle croupe! quel dos!
    C'est une montagne qui marche;
    C'est Montmartre, ou le mont Athos.
Eh bien! il est encor plus sensé qu'il n'est gros.
S'avouant qu'on n'a pas tous les dons en partage,
    Et que la force et le courage
    Dont le sort dote ses pareils,
Servent peu s'ils ne sont guidés par les conseils
    Et la dextérité du sage,
Il fait pacte avec l'homme, et, sans frein, sans licou,

En signe de l'honneur que son choix lui décerne,
Permet qu'à cheval sur son cou
Un cornac à son gré l'instruise et le gouverne,
De lui se serve ainsi qu'on se sert de son bien,
Sans lui donner raison de rien.
Mais, par une clause tacite,
Clause sacrée, encor que jamais de sa main
Tabellion ne l'ait transcrite,
Il est bien convenu que l'homme pourvoira
Au besoin de la bête, et convenu de même
Que l'homme la conduira
Mieux qu'elle ne saurait se conduire elle-même ;
Pacte qui, s'il est observé,
Sert la prospérité commune,
Change un éléphant brut en éléphant privé,
Et de son précepteur, s'il l'a bien élevé,
Tôt ou tard fera la fortune ;
Mais qui, dans le cas opposé,
Funeste à l'infracteur, porte en lui la sentence
En vertu de laquelle, atteint de déchéance,
Ce déloyal est déposé,
Et voit en d'autres mains passer le droit suprême

Que l'éléphant trompé lui donna sur lui-même.
 Ce fait est bon à méditer, je crois,
Pour vous surtout, cornacs d'un monstre à mille têtes,
  La plus confiante, et, parfois,
  La moins indulgente des bêtes.

FABLE XVI.

LE GRABAT.

Sur un grabat un pauvre homme étendu
(Que de gens n'ont pas même un grabat en ce monde !)
Dormait, ronflait si fort, qu'une lieue à la ronde
    Les plus sourds l'auraient entendu.
    De plus il rêvait, et son rêve,
    Qui n'avait pas le sens commun,
    A sa misère faisait trève;
Il se rêvait heureux : il l'était, c'est tout un.
    Un monsieur survient et s'étonne
Que sur un lit semblable on puisse-sommeiller;
    Et s'empressant de l'éveiller,
    Car il était bonne personne :

« Mon ami, désormais il faut vous informer,
    Quand vous voudrez faire un bon somme,
    De quels objets doit se former
    La litière d'un galant homme :
    Les deux matelas, l'oreiller,
    Le lit de crin, le lit de plume,
Tout vous manque.—Eh! monsieur, à chacun sa coutume,
    Répond, et non pas sans bâiller,
L'homme au grabat. Qu'un lit soit de plume ou de paille,
    Pourvu qu'on y dorme, il est bon.
    Je dors ici mieux qu'un Bourbon
    Ne dormit jamais à Versaille. »
    Ce disant, derechef il bâille,
    Se retourne et ronfle plus fort.
C'est toujours un bon lit que le lit où l'on dort.
    Je le sais par expérience ;
Mais ce qu'il en disait, l'homme simple a-t-il tort
    De le dire de sa croyance ?

FABLE XVII.

LA DESTINÉE HUMAINE.

Du bord nous voyons tous les jours
Ces rides qu'en tombant laisse après soi la pierre,
    Sur la face de la rivière
    Qui va l'engloutir pour toujours.
    Si grand bruit que fasse sa chute,
    Lecteur, a-t-il jamais duré
    Plus d'un trentième de minute ?
Jamais ; la montre en main je m'en suis assuré.
    Image du destin des hommes,
    Au hasard, tous tant que nous sommes,
    Jetés sur le fleuve du temps,
    Fiers d'un bruit de quelques secondes,
    Nous disparaissons sous ses ondes,
Après avoir fait, quoi ? des ronds plus ou moins grands.

FABLE XVIII.

LE LAPIN ET LE LIÈVRE.

« Pauvre camarade, es-tu fou ?
En plein jour sortir de ton trou !
Attends du moins jusqu'à la brune ;
Et règle-toi sur le hibou,
Qui craint même le clair de lune.
Prêts à t'honorer d'un salut,
Vingt braconniers sont à l'affût :
Pas un qui ne tire à merveille ;
Et le plomb sur toi va pleuvoir,
Pour peu que tu leur fasses voir
Le petit bout de ton oreille, »
Disait à certain lapereau
Qui, brûlant de courir le monde

Hors de sa retraite profonde
Allongeait déja le museau,
Certain levreau, bête aussi sage
Que tel pédant grec ou latin,
Pour sage honoré d'âge en âge,
Ou même que tel vieux malin,
Tel vieux routier qu'en son langage
Le peuple appelle un vieux lapin.
« Crois-moi, camarade, en ton gîte
Rentre au plus tôt, rentre au plus vite.
C'est assez de témérité.
— Rentrer! non; dans l'obscurité
Je suis las d'enterrer ma vie.
Rentrer! moi? répond l'étourdi;
Non; d'y voir clair en plein midi
Je me sens à la fin l'envie. »
Bref, aussi sourd à ces conseils
Qu'Alcibiade et ses pareils
L'étaient à ceux du bon Socrates,
Il part : mais bientôt converti,
Il rentre au logis sur trois pattes;
Sur quatre il en était sorti.

« Un seul bon exemple en vaut mille ;
Le camarade avait raison,
Dit-il ; restons à la maison.
Qui sait vivre obscur vit tranquille. »

FIN DU LIVRE SECOND.

LIVRE TROISIÈME.

LIVRE TROISIÈME.

FABLE I.

LA FILE.

Chez le ministre principal
Un auditeur allait au bal.
Tout en conduisant sa voiture
(Car il avait cabriolet),
Impatient de sa nature,
Ce beau monsieur se désolait.
— Et de quoi, s'il vous plaît ? — De ce qu'une berline
Dont monsieur suit les pas et qui règle les siens
    Sur ceux d'un landau qui chemine

Derrière un de ces chars aux cochers plébéiens,
Qui, mêlant leur misère aux pompes les plus belles,
    Poussent partout leurs haridelles,
N'allait pas assez vite au gré de son désir.
Tout cheval paraît lent quand on court au plaisir,
    Ne fût-il pas cheval de fiacre.
Ennuyé d'être en queue ainsi que le sous-diacre,
    Ou que tel autre tonsuré
    Quand il sert la messe au curé,
    De quoi s'avise mon jeune homme ?
De sortir de son rang et d'aller se placer
En tête de la file. En le voyant passer,
    Chacun de crier, Dieu sait comme.
    Mais chacun de crier en vain.
Frappant à droite, à gauche, il va toujours son train ;
On riposte, et maint coup tombe sur les oreilles
    De maint cheval effarouché ;
Et comme d'ordinaire, en rencontres pareilles,
    Dans le rang qui s'est rapproché,
Le vide qui s'est fait est soudain rebouché.
L'étourdi cependant devers l'hôtel s'esquive.
Au grand trot, en vainqueur à la porte il arrive,

Mais là, pour le quart d'heure, on n'entrait pas tout droit.
La file est engagée en ce passage étroit,
　　Et tout le corps suivra la tête,
Si monsieur n'y pourvoit. Du cordon qui l'arrête,
Monsieur en se ruant à travers les chevaux,
　　Croit faire à l'instant deux morceaux.
　　Erreur : le cortége défile
En ordre si serré qu'il ne peut l'entamer,
Et dans ce mouvement, quand, las d'être immobile,
Reconnaissant sa place il veut la réclamer,
　　On lui répond : Prenez la file.
Juste à la fin du bal il entra dans la cour.
　　Patience; à chacun son tour.
On veut passer sur dix, on est passé par mille.

FABLE II.

BUCÉPHALE.

Ce cheval n'était pas bête pour une bête ;
    Mais, semblable à nos vieux soldats,
    Entendait-il parler combats,
    Aussitôt il perdait la tête.
    « Triomphant partout où je suis,
Mon maître, disait-il, me doit toute sa gloire ;
    Mon dos le porte à la victoire.
    — Mais est-ce toi qui l'y conduis ? »

FABLE III.

LES DADAS.

A commencer par moi, qui, dans ma folle extase,
    En caracolant sur Pégase,
Ai cru parfois franchir les sommets d'Hélicon,
Chacun a son dada [21]; chacun à l'aventure
Vers la célébrité marche à califourchon,
    Agésilas au trot sur un bâton,
Alexandre au galop sur sa noble monture,
Et Sancho pas à pas sur son humble grison.
L'ami Rossini même, alors qu'il se condamne
A chanter sur un thème à sa lyre dicté
Par monsieur Totola, dont l'ingénuité

Prétend régénérer la scène qu'il profane,
Ne démontre-t-il pas qu'à l'immortalité
On arrive encor sur un âne ?

FABLE IV.

LE PLUS PARFAIT DES ANIMAUX.

Oui, mes amis, oui, c'est en vertu de leur choix,
   Qu'aux animaux l'homme dicte des lois;
J'en ai la preuve en main; c'est un acte authentique,
Griffonné par un chat, sur la peau d'un mouton,
     Avec la plume d'un dindon,
     L'an dernier de la république,
     Vingt ans avant mil huit cent vingt.
     Voici comment la chose advint.
     Las d'être aussi mal à leur aise
Sous les ombrages frais, et dans les prés fleuris,
     Que nous, dans les murs de Paris,
     L'an de grace quatre-vingt-treize,

Et, par un hasard singulier,
D'avoir pour les mener presque à notre manière,
 Un Danton dans le sanglier,
 Et dans le tigre un Robespierre ;
Se comptant à la fin, contre leurs oppresseurs
 Les animaux se rebiffèrent,
Et, d'attaqués soudain devenant agresseurs,
 Se serrant, ils les étouffèrent.
Les tyrans étouffés, aux bois, comme chez nous,
L'esclavage aussitôt fait place à la licence ;
L'anarchie en hurlant de leur tombeau s'élance,
 Et met tout sens dessus dessous.
Mais l'anarchie au moins sous ce rapport est bonne,
 Que ne profitant à personne,
Tous sont bientôt d'accord pour arrêter son cours.
Dans un congrès *ad hoc*, par un fort beau discours,
Maître Renard prouva qu'en proie à l'anarchie,
 L'état périrait tôt ou tard,
 S'il ne se jetait sans retard
 Dans les bras de la monarchie.
« C'est, des gouvernements, a dit un sage anglais,
 Le meilleur, ou le moins mauvais, »

Disait maître Renard. On demande à quel sage
Maitre Renard avait emprunté cet adage :
Je ne sais. Mais qu'importe? une citation
Fait toujours bon effet. Le docte aréopage,

  A ce trait d'érudition,

  Veut que, sans tarder davantage,

  On procède à l'élection.

« Hauts et puissants seigneurs, encore une remarque,
Reprend mon publiciste à la voix de fausset :

  Comme le bonheur du sujet

  Dépend des vertus du monarque,

  Pour votre bonheur rien de fait,

Si, dédaignant l'avis que le bon sens vous donne,

  Vous n'assurez pas la couronne

  A l'animal le plus parfait. »

«Le plus parfait! bien dit,» s'écria l'assemblée ;

  Et l'homme, à l'unanimité,

  Est proclamé roi tout d'emblée.

Chacun des électeurs, tenant pour qualité

  L'instinct qui l'animait lui-même,

Et le trouvant dans l'homme en un degré suprême,

  Croyait se couronner en lui.

Ce raisonnement-là pourrait, même aujourd'hui,
De la faveur publique expliquer les caprices.
Nous prenons volontiers pour vertus dans autrui
　　Ce qui n'est au fait que nos vices.

FABLE V.

L'ARTICHAUT.

Un jardinier, dans un champ de chardons,
En avise un qui par-dessus les autres,
Ainsi qu'Achille entre les mirmidons,
Ou saint Chistophe au milieu des apôtres ;
    De pourpre et d'argent couronné,
Portait sa tête altière et son large calice.
    Le toisant d'un œil étonné :
    « Pour Martin, dit-il, quel délice!
    « Qu'il va faire un bon déjeuné!
    « Mais Dieu ne m'aurait-il donné
    « Une aubaine aussi magnifique
    « Que pour régaler ma bourrique ?
« N'en puis-je aussi tâter ? » Aussitôt dit que fait ;

Le bon homme en tâte et se pique.
Puis, en suçant ses doigts : « Son goût n'est pas parfait.
« Mais mon prunier non plus ne valait pas grand'chose
« Avant qu'on le soignât. Soignons ce rejeton ; »
  Et détachant un œilleton,
 En bonne terre il le plante, il l'arrose ;
Contre le froid l'abrite et le défend du chaud ;
Si bien que de sa sève, à la saison nouvelle,
Adoucissant pour lui l'âpreté naturelle,
  Le chardon devient artichaut.

  Instituteurs qui d'aventure
A d'autres sauvageons donnez aussi vos soins,
Y répondit-on peu, n'y persistez pas moins.
  La patience et la culture
  Peuvent corriger la nature.

FABLE VI.

LE MARCHAND DE SANTÉ.

J'ai dit en un certain chapitre,
Comment un honnête marchand
Distribuait à tout venant
L'esprit et le génie au litre.
Le tour était bien inventé,
Mais non pas mieux, je l'imagine,
Que celui d'un quidam qui vendait la santé,
Et qui la vendait en chopine.
Près de lui les plus fins ne seraient qu'apprentis.
On payait cher son spécifique.
Mais notez qu'à chaque pratique
Il donnait et donnait gratis
Un exposé de son système

Et du régime aussi qu'il fallait observer
    Si l'on voulait bien s'en trouver ;
Ordonnance réglant jusqu'au scrupule extrême,
    L'instant du coucher, du lever,
Du diner, du souper, l'instant du plaisir même.
« Croyez-en, disait-il en ôtant son chapeau,
    « Le vermillon qui m'enlumine ;
« Avec cette ordonnance, avec cette eau divine,
« On peut cent ans et plus se moquer du tombeau,
    « Et même de la médecine ;
    « Croyez, dis-je, et buvez de l'eau. »
On en but, et bientôt maint valétudinaire
Dont la barque à tout vent semblait péricliter,
    Eut lieu de se féliciter
    D'en avoir fait son ordinaire.
    Oubliant qu'il allait mourir,
    L'hypocondre agaçait les filles ;
    Et ne songeant plus qu'à courir,
    Le goutteux brûlait ses béquilles.
    Bref, dans la ville il n'était bruit
Que de l'homme et de l'eau qui faisaient ces merveilles.
    Mais qu'a-t-il mis dans ses bouteilles ?

Le roi voulut en être instruit.
Il le mande et lui dit « Docteur, cette cassette
Contient dix mille écus; prenez, ils sont à vous.
    Mais avant, il faut entre nous
    Me confier votre recette.
   Il le faut pour votre intérêt.
  Pour s'expliquer cette vogue incroyable,
    Dom GRILLANDUS [22] dit qu'en secret
    Vous faites pacte avec le diable...
   Or il est grand-inquisiteur,
Et l'inquisition n'entend pas raillerie
    Sur le fait de sorcellerie.
    — Sorcier! moi? sire; ah! l'imposteur!
    Sorcier! moi, pauvre apothicaire!
    Moi Catalan! moi vieux chrétien!
—Mais enfin, qu'est-ce encor que votre elixir?—Rien.
   — Rien! — Rien, sire, que de l'eau claire;
    Que de l'eau du Mançanarès.
—Mais la vendre aussi cher que du vin de Xérès,
    Est-ce conscience? — Et la vogue?
L'obtiendrai-je en vendant la chose au prix coûtant?
Et ce prix, après tout, est-il exorbitant,

Vu tout le bien que fait ma drogue,
Ou l'avis salutaire à ma drogue attaché?
Je le donne gratis. A-t-on vu, même en France,
Jamais vendre à si bon marché
Les bienfaits de la tempérance? »

FABLE VII.

L'HABIT DE LAINE ET L'HABIT DE SOIE.

Plus grognon même encor que de coutume,
Sous son toit, l'autre jour, dom Pourceau déclamait
    Ce monologue que ma plume
    Mot pour mot ici vous transmet.
    « Est-il prétention plus vaine
    « Que celle de Robin Mouton ?
    « Il se croit mon égal, dit-on !
    « Avec son gros habit de laine,
    « Il m'ose disputer le pas !
    « Quoiqu'il n'ait pas le sens d'une oie,
    « Le faquin ne voit-il donc pas
    « Que je porte un habit de soie ? »

FABLE VIII.

L'ORCHESTRE.

Dans un grand morceau d'harmonie,
A grand orchestre exécuté,
En roucoulant ce chant flûté
Qui domine une symphonie,
Corno primo faussait. « Quelle horreur ! quel ennui !
« Criait maint *dilettante* en bouchant ses oreilles. »
Les autres instruments faisaient pourtant merveilles.
N'importe, on n'entendait que lui.
Quand les discussions éclatent
Au sujet de nos vers qu'on n'a pas toujours lus,
Une seule critique ainsi nous blesse plus
Que vingt éloges ne nous flattent.

FABLE IX.

LA CHARITÉ.

La nuit était froide et profonde ;
Le chien hurlait ; le vent soufflait ;
Alors on n'ouvre plus au monde.
La sagesse avait fait sa ronde,
L'amitié dans son lit ronflait.
L'amour n'attendant plus personne,
Près du plaisir se dorlotait.
La misère, qui grelotait,
Cependant à la porte sonne.
Ouvrant des yeux mal endormis,
A travers l'ombre et le silence,
Pieds-nus, à tâtons, la prudence

Va voir si les verroux sont mis,
Les assure, et puis se retire.
Mais trompant sa sécurité,
Devinez qui vient et les tire ?
— Qui vient ? c'est la témérité ;
La soif des combats la dévore.
— C'est quelqu'un de plus brave encore ;
Mes amis, c'est la charité.

FABLE X.

L'HORTENSIA.

« Lorsque j'arrivai de la Chine,
Disait la belle Hortensia,
Dieu sait comme on s'extasia
Et sur mon port et sur ma mine.
Pour m'admirer on s'arrêtait.
A l'envi chacun répétait :
Céleste éclat! fraîcheur divine !
Baissant un front humilié,
Le lis en pâlissait de peine ;
Et des fleurs la soi-disant reine,
Et la rose en séchait sur pié.
A présent quelle différence !
Le monde est d'une impertinence !

Me rencontre-t-on par hasard?
Si l'on m'accorde un seul regard,
C'est un regard d'indifférence.
A cela comprenez-vous rien,
Vous, qui, savant en toutes choses,
Sur les effets et sur les causes,
Parlez toujours, et toujours bien? »
« Fleur sans parfum, répond le sage
A qui s'adressait ce récit,
N'obtient pas un plus long hommage
Que belle femme sans esprit. »

FABLE XI.

LES MITES.

Un pauvre auteur se chagrinait
(Ce n'est pas moi, lecteur, mais c'était vous peut-être)
De ce qu'un écolier qui s'érigeait en maître
    Chaque jour le turlupinait,
    Et, comme un singe en ses malices,
    Ne s'entourant que de débris,
    De mettre en pièces ses écrits
    Chaque jour faisait ses délices.
J'en sais de ces gens-là plus de trois à Paris.
« Que me veut, disait-il, cet apprenti zoïle ?
Et qui peut contre moi sans cesse aigrir sa bile ?
    J'en conviens : tout dans mes essais
N'est pas bon, mais encor tout n'est-il pas mauvais,

Et devant lui pourtant rien n'y peut trouver grace.
  Comment donc faut-il que l'on fasse
  Pour plaire à cet original ?
  — A son journal que l'on souscrive.
  Il ne vit que de son journal.
Or vous savez qu'il faut que tout le monde vive.
  Subissez la commune loi. »

Vivant ou non, tout corps nourrit des parasites,
Insectes affamés qu'il héberge avec soi.
Lavigne a son Gamin, Voltaire eut son Geoffroi.
Le ver dans le tombeau vit de la chair du roi;
Et l'ange au ciel sans doute engraisse aussi des mites.

FABLE XII.

LE MARIAGE.

Madame la Citrouille et monsieur le Melon
    S'aimant, mais d'un amour honnête,
    Et s'étant mis un jour en tête
De s'épouser (la couche était là toute prête),
    S'épousent sans plus de façon.
Tous deux croyaient ainsi régénérer leur race.
« La mienne en deviendra moins galeuse et plus grasse,
Disait le cantaloup [23], et ta lignée à toi,
Qu'au soupé d'un marmot on admettait à peine,
    Gardant l'ampleur de ta bedaine,
D'un suc plus savoureux, grace à moi toute pleine,
    Va devenir un mets de roi. »

Le contraire arriva. L'hymen qui tout embrouille,
>De ce chaste amour, ce dit-on,
>A fait naître maint avorton,
>Un peu moins gros que le melon,
>Et plus fade que la citrouille.

FABLE XIII.

L'INDUSTRIE.

Après sa piteuse aventure,
Chassé du paradis, le père des humains
En sortit, comme on sait, tel qu'il sortit des mains
 Du Seigneur ou de la nature.
Ignorant jusqu'alors l'inclémence des airs,
Ce pécheur, étendu sur un lit de verdure,
Passa sous un beau chêne une nuit assez dure.
 Tout engourdi par la froidure,
Voyant à son réveil les animaux divers,
  Avec lui jetés sur ce globe,
Ainsi que l'Éternel, qui lui-même est en robe 24,
 De bons et beaux habits couverts ;
Voyant que bien au sec, sous leurs épais costumes,
Et comme des étés se moquant des hivers,

Le chat avait ses poils, la poule avait ses plumes;
Et voyant qu'ici-bas lui seul était venu
   Tout nu,
Il en prit de l'humeur. « De tout ce qui respire,
  Le bon Dieu, dit-il, m'a fait roi;
Et pourtant il n'est pas sujet en mon empire
  Aussi mal équipé que moi.
Que ne me traite-t-il comme il traite une bête! »
— Il te traite encor mieux: il t'a donné dix doigts;
Il t'a donné l'esprit qui raisonne en ta tête.
Si tu sais t'en servir, avant la fin du mois,
  Lui répond une voix céleste,
  Tu porteras habit et veste,
  Et culotte aussi, que je crois. »
  A cet oracle qui le frappe
Le roi des animaux rêvait, quand un mouton,
  Qui du buisson voisin s'échappe,
  Y laisse en passant pour rançon
  Presque moitié de sa toison.
Le roi des animaux en recueille un flocon,
  Qui, sous ses doigts, sans qu'il y songe,
  En fil et se tord et s'allonge.

Mais que fait-on d'un fil? L'araignée était-là,
    Qui soudain le lui révéla.
Allant, venant, montant descendant sans relâche,
    Avec ses doigts industrieux,
D'un seul fil enlacé par un art merveilleux,
Fileuse et tricoteuse elle ourdissait sa tâche.
    « C'est cela! » dit l'homme étonné,
    Qui l'observait en philosophe,
    Et le fil qu'il a façonné
    Se croise et s'enlace en étoffe.
Le reste se devine. Avant le temps prescrit
    L'homme eut habit, veste et culotte,
    Et certain docteur même écrit
    Qu'il eut aussi la redingote.

    Vous qui de biens environnés
N'en possédez aucun, pas d'humeur, je vous prie:
    Le destin vous les a donnés
    S'il vous a donné l'industrie.

FABLE XIV.

LE PIÉDESTAL.

Un bon bourgeois achète une statue,
Un Bacchus ; c'était là son dieu : chacun le sien.
« Dans mon jardin, dit-il, qu'un Bacchus fera bien !
  Jérôme, allons qu'on s'évertue !
  — Faut-il appeler les maçons ?
— Les maçons ! n'employant la pierre ni le marbre,
  Il nous suffit de tes garçons.
Taille-moi cette butte ; et puis sous ce bel arbre
Plante-moi mon ivrogne au milieu du gazon. »
Sur le sol ferme alors, planté droit comme un terme,
Pendant cinq ou six mois son Bacchus resta ferme.
     Mais quand arriva la saison
Où, chassé par la pluie, au fond de sa maison,

Comme un colimaçon, le bourgeois se renferme;
    Mais quand le sol, trempé par l'eau
    Que nous prodigue le Verseau,
    Se creuse en sillon sous la roue,
Du haut de son autel qui soudain s'éboula,
Dans un dégel, Bacchus un jour dégringole,
    Et tomba le nez dans la boue.

    Crains, dans ta folle ambition,
    Une chute encor plus rapide,
Toi qui ne fondes pas ton élévation
    Sur une base plus solide.

FABLE XV.

L'ORAISON FUNÈBRE.

Glouton comme un sinécuriste,
Vrai symbole de l'égoïste,
Un cochon, dévorant tout ce que le hasard
Offrait à sa mâchoire avide,
Plus heureux que Midas, mais non pas moins stupide,
Ne changeait rien en or, mais changeait tout en lard.
Le compagnon qu'en sa cellule
Hébergeait père Antoine, et celui qu'en ses draps
Naguère admettait certain Jule [25]
Qui n'est pas un César, était moins gros, moins gras ;
En un mot, il eût fait la figue
Au troupeau de l'enfant prodigue.
Aussi les connaisseurs, s'arrêtant pour le voir,

Disaient-ils à Guillot, possesseur de la bête :
    Guillot, mon ami, quelle fête,
    Quand il sera dans le saloir !

Avare, c'est ainsi que chacun te célèbre
    En songeant à ton coffre-fort.
De quiconque ne fait du bien qu'après sa mort
    Telle est l'oraison funèbre.

FABLE XVI.

MILORD.

Milord (c'était un chien) n'avait pas son semblable.
Vous en pouvez juger au portrait que voici :
Merveilleux odorat, jarret infatigable,
Œil ardent, éloquent, queue éloquente aussi ;
    Larges oreilles dont la soie,
    Comme les franges d'un bandeau,
    Jusque sur le cou se déploie,
Et n'encadre pas moins dignement un museau
Que les crins qui flottaient sur les nobles épaules
Du roi le mieux peigné qui régna sur les Gaules.
Milord eut tout cela ; mais d'autres qualités
    A mon sens le rendaient peut-être
    Plus digne encore des bontés

De sa maîtresse et de son maître.
Tout aussi bon qu'il était beau,
Il les aimait : leur plaire était sa seule envie;
Il eût pour eux donné sa peau,
Il eût pour eux donné sa vie,
Bien qu'il tînt à toutes les deux.
En revanche il pouvait se croire aimé par eux.
Qu'on fût triste ou joyeux, bien portant ou malade,
On ne pouvait de lui se passer un moment.
Il venait à la promenade;
Il couchait dans l'appartement;
Il avait place au feu; même avec la famille,
Au dîner, venait-il se placer sans façon
A côté du petit garçon,
Tout près de la petite fille.
On le trouvait très-bon, très-bien;
Et l'on disait qu'à table honnête,
Après tout, un honnête chien
Pouvait valoir toute autre bête.
Personne enfin, quoi qu'il osât,
Qui jamais s'en scandalisât.
Il était jeune, et, quoi qu'on fasse,

Alors on fait tout avec grace.
Mais jeunesse à la fin se passe.
Celle de Milord avait fui,
Quand, blessé par son maître en chassant avec lui,
Il revient sur trois pieds, perclus de l'autre membre,
Criant comme un damné tout le long du chemin,
Et de ce maladroit léchant encor la main :
De la chambre on le fait passer dans l'antichambre :
C'était presque un exil. Là pourtant, par hasard,
Comme il peut au passage obtenir un regard
D'un maître encore aimé jusqu'à l'idolâtrie,
Attendant son rappel du temps qui tout guérit,
Il prenait patience. Ainsi fait un proscrit :
Il croit à chaque instant rentrer dans sa patrie.
Il était un peu loin de la réalité ;
Non que monsieur manquât de sensibilité :
Monsieur n'en a que trop. Cette patte meurtrie
Affligeait ses regards. Par pure humanité,
Le jour même où Milord cessait d'être alité,
  On le relègue à l'écurie.
Ce coup lui fut cent fois plus dur que le premier.
Il avait en héros souffert l'autre blessure,

Celle-ci le trouva sans force, et l'on assure
    Qu'il en mourut sur un fumier.

Et vous aussi parfois vous gardez ce salaire
    Au cœur que vous avez blessé,
Mesdames; trop heureux, qui d'aimer a cessé
    Aussitôt qu'il cessa de plaire !

FABLE XVII.

LES DEUX NAGEURS.

Deux pauvres diables font naufrage...
— En pleine mer? — Non pas. Mais le rivage est loin.
On pourrait toutefois le gagner à la nage;
    Mais pour ce faire, il est besoin
    Et de vigueur et de courage.
    La vigueur ne leur manquait pas.
    Ils en avaient en même dose.
— Et le courage? — ami, c'est autre chose.
    L'un ne voyait que le trépas,
    Qui, prêt à l'entraîner sous l'onde,
L'enveloppait des plis de cette mer profonde
    Que soulevaient dix mille bras;

Et l'autre, dans les flots oscillants sur l'abîme
    Et qui le berçaient sur leur cime,
    Cependant ne paraissait voir
Qu'un lit qui, favorable à l'espoir qui l'anime,
Va le porter au port prêt à le recevoir.
Sa vigueur qu'en effet accroît son caractère
En quatre tours de bras lui fait toucher la terre.
— Bien : mais son camarade à terre arriva-t-il?
— Je n'ose l'assurer, hélas! car j'imagine
    Que pour le tirer de péril
Un dauphin ne vint pas lui prêter son échine :
Cela ne se voyait que dans l'antiquité.

    C'est ainsi que l'adversité,
    Loin d'étonner une ame forte,
A de plus grands efforts semble l'encourager.
Ami, l'eau la plus haute, alors qu'il faut nager,
    Est celle qui le mieux nous porte.

FIN DU LIVRE TROISIÈME.

LIVRE QUATRIÈME.

LIVRE QUATRIÈME.

FABLE I.

LE ROSIER ET LA CHAUMIÈRE.

Que j'aime ce rosier qu'à nos jardins surpris
  Naguère a donné le Bengale,
  Soit que dans sa forme inégale
Il me fasse un buisson de ses rameaux fleuris,
Soit que sa tige unique, en tête façonnée,
Se dresse verdoyante et de fleurs couronnée,
Soit, comme au hameau même on le voit aujourd'hui,
  Qu'il tapisse de ses offrandes,
  Qu'il embrasse de ses guirlandes

Le toit qui lui prête un appui.
Hier, voyant un réduit qui, de la base au faîte,
Par la rose ainsi décoré,
Semble un temple rustique au bonheur consacré,
Et toujours paré pour sa fête,
« Entrons, dis-je ; en ce lieu charmant,
Je vais trouver assurément
La plus heureuse des familles,
Autour d'un modeste repas
Où l'appétit ne manque pas ;
Et près du plus gai des papas,
Une maman des plus gentilles,
Soutenant et berçant d'un bras
Un garçon bien gros et bien gras,
Tout en faisant danser sa fille. »
J'entre. O ciel! qu'est-ce que je vois?
Au lieu de ces riants minois
Le front bourgeonné d'un ivrogne,
Qui, moitié tendre et moitié soûl,
Baise et bat sa femme qui grogne
En défendant son dernier sou ;
Le front tanné d'une mégère

Hargneuse et hideuse à la fois,
Où la malice et la misère
Ont imprimé leurs vilains doigts;
Un maigre enfant à sa nourrice
En vain demandant l'aliment
Dont le sèvrent également
Et l'indigence et l'avarice.
Ce contraste affligeant du cadre et du tableau
Pour moi n'eût pas été nouveau,
Et ne le serait pas pour vous, je l'imagine,
Si nos yeux plus intelligents
Lisaient au cœur de tant de gens
Que l'on juge heureux sur la mine.

FABLE II.

LE CADRAN SOLAIRE.

Rencontrant un cadran solaire,
Qu'en son jardin faisait établir un bourgeois,
« Je voudrais bien savoir, disait un villageois,
A quoi ce meuble est nécessaire.
— Sais-tu lire ? au manant dit le propriétaire.
— Oui, monsieur, je sais lire, et compter, s'il vous plaît.
— Eh bien ! remarque sur quel nombre
Cette aiguille jette son ombre,
Et tu sauras quelle heure il est. »
Sans en demander davantage,
Le manant retourne à l'ouvrage ;
Et puis, prompt à s'imaginer
Qu'il était temps d'aller dîner,

Il vient le demander à l'horloge. O disgrace !
Vainement de l'aiguille il y cherche la trace.
Comme il s'en étonnait, riant de sa grimace,
— Nigaud, lui dit le maître, apprends et retiens bien
  Que ce cadran n'est bon à rien
Quand le ciel est couvert, et que sur cette aiguille
On ne doit pas compter si le soleil ne brille. »
  Image de certains amis :
Dans la prospérité leurs soins vous sont promis ;
Mais de leur dévouement n'attendez preuve aucune,
  Pour peu qu'un malheur passager,
  Du nuage le plus léger
  Vienne obscurcir votre fortune.

FABLE III.

L'ŒUF DE CANE.

Qui de vous n'a pas entendu,
A ces bravos qu'excite une sage maxime,
Un trait piquant, un mot sublime,
Quelque sot s'écrier : Je veux être pendu !
Je veux que le diable m'emporte,
Si je n'ai dit cela, non pas précisément
Si bien; non pas en vers tout-à-fait, mais n'importe !
S'il n'était dans l'appartement,
Ce plagiaire, assurément,
Écoutait alors à la porte.
— Et quand cela serait, l'idée est-elle à toi ?
Disait avec quelque justesse,

A certain fat de cette espèce
Un bonhomme encor plus malin que vous et moi.
Je veux, poursuivit-il d'un ton vraiment affable,
Je veux à ce propos vous conter une fable.

 Je ne sais trop par quel hasard
Une cane pondit au panier d'une poule.
 Quoique sorti d'un autre moule,
  L'œuf ne fut pas mis à l'écart.
  La poule est bonne créature :
  Elle adopta l'enfant trouvé,
  Et par elle il fut élevé
  Comme sa propre géniture.
  Certain jour que, se pavanant,
   A la tête de sa couvée
   Elle marchait tête levée,
Comme un tambour-major au front d'un régiment :
— Cet enfant, ma poulette, est-il aussi des vôtres ?
  Dit, en désignant le canard,
Certaine *cancannière* [26] à l'accent nasillard :
  On le prendrait pour un des nôtres,
  Pour un des miens. Ce bec chez un poulet,
    C'est neuf.

— Mais n'est-il pas plus neuf encore
Qu'à votre âge une cane ignore
Que la mère n'est pas l'oiseau qui pondit l'œuf,
Mais l'oiseau qui l'a fait éclore?

FABLE IV.

L'OURS.

L'ours de sa nature est frugal,
 Aussi frugal que l'était l'homme
Quand du gland de Dodone il faisait son régal,
 Ou se damnait pour une pomme.
 Au fait, pour apaiser sa faim,
 Que lui faut-il ? ce qu'un ermite
 Qui n'a chair, ni poisson, ni pain,
 Met le carême en sa marmite,
 Quelques racines, quelques fruits,
 Que de loin lui jette ou lui donne
 Le badaud que sa grace étonne,
 Ou bien le lourdaud qui l'instruit.
 Docile à ce prix, quoiqu'il gronde,

Aux ordres qui lui sont donnés,
Comme un prince qui fait sa ronde,
Il va saluant tout le monde,
Et mené par le bout du nez.
Il vit, comme on le voit, de bien peu ; mais encore
Faut-il qu'en vain ce peu ne soit pas réclamé.
Autrement, dangereux comme un peuple affamé,
Il s'en prend à son maître et parfois le dévore.

Bonnes gens, à ce sort exposés tous les jours,
Gouvernants, tous tant que vous êtes,
Pour n'être pas mangés des hommes ou des ours,
Ne laissez pas jeûner vos bêtes.

FABLE V.

LE CABRIOLET.

Je veux que le ciel me confonde,
Si j'ai rien rencontré, qu'il soit maître ou valet,
De plus impertinent au monde
Qu'un cocher de cabriolet.
Sur le trône ambulant où ce faquin s'enroue
A hurler après le passant,
Le harcelant, l'éclaboussant,
L'écrasant presque de sa roue,
De l'univers entier on dirait qu'il se joue.
Tantôt, trottant sur nos talons,
Du nez de son cheval il nous meurtrit l'échine;
Tantôt, roulant à reculons,
Il vient de ses ressorts nous briser la poitrine.

Au fouet qui claque entre ses mains,
En menaçant toutes les têtes,
En menaçant toutes les bêtes,
A commencer par les humains,
Pour qui sait comme nous l'histoire,
Ne semble-t-il pas un César
Qui, prenant le bruit pour la gloire,
Et des jeux pour une victoire,
Traverse Rome sur son char?
« Oh! comme j'en ferais justice!
Si jamais je devenais roi,
Et surtout préfet de police :
On en vit de plus sots que moi. »
Exhalant tout haut sa rancune,
Naguère ainsi parlait un petit homme gris,
Qui, sur le pavé de Paris,
Depuis quinze ans à pied poursuivait la fortune.
L'ayant attrapée à la fin,
Il prit cabriolet; et comme il était fin,
Une fois monté là, comprenant tout de suite
Qu'un cabriolet peut marcher encor plus vite
Qu'un homme à pied, Dieu sait de quel air, de quel ton,

S'égosillant à crier Gare!
Et se ruant dans la bagarre,
Il traite à son tour le piéton.
« Cette engeance, dit-il, est tout-à-fait étrange :
Le pavé de Paris n'est-il fait que pour eux ?
Qu'en voiture on est malheureux!
Voyez si pas un d'eux se range. »

Comme à Paris, en maint endroit
C'est ainsi que cela se passe.
Le droit nous semble abus, l'abus nous semble droit,
Suivant le point de vue où le destin nous place.

FABLE VI.

LES PANIERS ET LES CRUCHES.

Bien qu'un savant toujours ne soit pas un génie [27],
J'ai pour tous les savants une estime infinie;
L'estime que jamais un amateur de miel,
    Ce cher et doux présent du ciel,
Ne refuse au panier qui renferme une ruche;
    L'estime qu'un ami du vin,
    A l'odeur de ce jus divin,
    Ressent parfois pour une cruche.

FABLE VII.

LE DIEU TERME.

C'est mon idée à moi, je n'en démordrai pas,
    Depuis trente ans je m'y renferme :
    A ma place immobile et ferme,
Jamais en aucun sens m'a-t-on vu faire un pas ?
C'est ce qu'à tout propos vous rabâche, vous corne
    Un brave homme qui, nous dit-on,
    Croit raisonner comme un Caton :
    Il raisonne comme une borne.

FABLE VIII.

LE CHEVAL DE CALIGULA.

« On n'est pas toujours jeune, on ne plaît pas toujours,
Songez-y bien, madame; ainsi que les amours,
  La fortune est parfois volage;
  Préservez-vous dès le bel âge
Des maux dont la rigueur a flétri mes vieux jours.
« Pour la soif à venir conservons une poire, »
Tout en buvant disait jadis Caton le vieux [28],
Qui, quand il avait bu, n'en raisonnait que mieux;
« Pour la soif à venir conservons une poire,
Et nous pourrons dormir et vieillir en repos. »
Sage avis. J'aurais mieux que la peau sur les os,
  Si je l'en avais voulu croire.

Par mes perfections je brillais autrefois,
De m'essayer chacun se disputait la gloire :
Le héros m'attelait à son char de victoire ;
  J'ai trotté sous cinq ou six rois,
Et sur moi feu César a galopé trois mois.
Feu César unissait le faste à l'élégance.
  Je suis encor tout étonné,
  Quand je songe à l'extravagance
  De ce palfrenier couronné.
  Du froment qui m'était donné
  Dans un beau picotin d'ivoire,
Il voulait qu'un or pur habillât tous les grains,
Et dans un pur cristal, de ses augustes mains,
Tout en sifflant, lui-même il me versait à boire
  Cette onde aux flots argentés
Qu'en vers aussi doux qu'eux le poëte a chantés,
  Cette liquide ambroisie
Que mêlait à ses vins moins justement vantés
  La fontaine de Blandusie.
  Abreuvé d'argent, nourri d'or,
Bref, à chaque repas j'avalais un trésor.
  Mais ce n'est pas là tout encor :

Vêtu de pourpre, et, comme un homme,
Sur la pourpre prenant mon somme,
Tout comme un homme aussi j'étais consul de Rome.
J'ai régné dans les cours, au sénat, au haras,
Gaspillant, dans mon incurie,
Les tributs dont la terre encombrait l'écurie
Où, frais, potelé, gros et gras,
Je me croyais heureux à jamais. Ma mémoire,
En ces jours fortunés qui pour jamais ont fui,
Ne me rabâchait point, hélas! comme aujourd'hui,
« Pour la soif à venir conservons une poire. »
Et vous voyez où me voilà,
Madame. » Ainsi parlait à la jeune Hyparette,
Qui par plus d'un mérite en son temps excella,
Le cheval de Caligula
Devenu cheval de charrette.

FABLE IX.

LE LUSTRE ET LA LUMIÈRE.

Pendant le dernier carnaval,
Un jour où, pour fêter un personnage illustre,
  A la cour on donnait un bal,
  Quelques morceaux d'un soi-disant cristal,
    Qui rayonnaient groupés en lustre
S'admirant l'un dans l'autre (on s'aime en ses pareils),
Et s'égalant au roi de la céleste sphère,
  Bien qu'ils ne fussent que du verre,
  Se croyaient autant de soleils,
Et, comme le foyer d'où jaillit la lumière
Et d'où le jour s'épand sur la nature entière,
Par leur propre vertu pensaient briller, dit-on.
  Cependant, armé du bâton

Qui porte l'éteignoir où ne saurait atteindre
    Le souffle, si fort qu'on soufflât,
    Un maudit valet vient éteindre
Le foyer dont le lustre empruntait son éclat.
Mes bons amis, cela m'a fait comprendre comme
    Rentreront dans l'obscurité
    Tant d'hommes, dont la nullité
    Réfléchit l'éclat d'un grand homme.

FABLE X.

LE GARGOTIER.

Je connais certain gargotier
(Il n'est pas de notre quartier)
Qui fait assez bien ses affaires
En vendant aux friands de Chaillot et d'Auteuil
Les filets de lapin, les filets de chevreuil
A moitié prix de ses confrères,
Qui, du fait envieux témoins,
Ont peine à concevoir comment ce bon apôtre,
En faisant payer moitié moins,
A gagné moitié plus qu'un autre.
Ne fallait-il pas qu'il trichât?
Il triche en effet l'honnête homme,
Vendant, bien qu'à modique somme,

Du cheval pour chevreuil, et pour lapin du chat [29];
    Mais nul ne se doute du piége,
Tant est bonne la sauce; et le plus fin matois
    Lui-même s'en lèche les doigts.

Du talent, mes amis, tel est le privilége.
    C'est lui dont la puissante main,
    En se jouant, donne à l'argile
    Le prix du marbre et de l'airain.
    Pour lui point de sujet stérile,
    Par lui Boileau, dans son Lutrin,
    Est quasi l'égal de Virgile.
    Méditez bien cette leçon,
    Et croyez qu'elle n'est pas fausse
    La sentence qui dit : La sauce
    Vous fera goûter le poisson.

FABLE XI.

LA RESTAURATION.

Naguère un château gothique,
Château qui, du haut en bas
Dégradé par le temps et surtout par les rats,
Chancelait sur sa base antique,
S'écroule avec fracas sur monsieur le baron
Et de sa ruine l'assomme
A l'instant même où le pauvre homme
Pour l'étayer faisait appeler le maçon.
J'ai vu même chose à Versailles.
Dix-neuf ans s'étaient écoulés,
Et de chardons couverts, les moellons éboulés
Disparaissaient sous les broussailles.

Quand, las de végéter dans un taudis d'emprunt,
  Le noble héritier du défunt
Veut exhumer enfin du hallier qui la cache
L'orgueilleuse masure où son nom se rattache.
  Lui-même il préside aux travaux.
  Écartant les projets nouveaux :
« Je tiens à l'ancien plan, dit-il à l'architecte,
  Et je prétends qu'on le respecte
  Jusque dans son moindre défaut.
Le manoir paternel, voilà ce qu'il me faut.
  Rendez-moi jusqu'à ses lézardes ;
  N'allez pas non plus oublier,
Lorsque nous en serons à la salle des gardes,
  De rétablir le râtelier
  Où s'accrochent les hallebardes,
  Et de placer sur chaque mur
  L'illustre écusson de leurs maîtres,
  Au chef de gueule, au champ d'azur :
  C'est le blason de mes ancêtres. »
Le baron fut servi comme il le désirait.
  Mais un beau jour qu'il admirait,
Dans son nouveau manoir, une image fidèle

De celui de ses bons aïeux,
Ce château neuf refait à vieux
S'écroula comme son modèle.
De ce fait, dira-t-on, que faut-il inférer?
Que ne pas corriger ce n'est pas restaurer.

FABLE XII.

LE BONHEUR DE NOTRE CHAT.

Dressant la queue et la moustache,
Et ronflant de contentement
Comme un rouet en mouvement
Quand mère-grand [30] remplit sa tache,
Raton passait et repassait
En se frottant à sa maîtresse,
Qui, souriant à sa tendresse,
Tout en rêvant, le caressait.
— Est-il heureux de ce qu'il m'aime ?
Dit la dame à certain savant
Qui, de son coin les observant,
A tout cela rêvait lui-même.

— Il est heureux, voilà le fait,
Répond l'abbé; mais je soupçonne
Que c'est du plaisir qu'il vous donne
Moins que du plaisir qu'il se fait.

FABLE XIII.

LA CHASSE AU CLOCHER [31].

Sans se déranger pour personne,
Deux cavaliers, le nez levé,
Couraient sur un clocher où pendait la couronne
Promise au premier arrivé.
L'un, certain d'arriver plus vite,
A travers champs se précipite.
Quant à l'autre, il suit le pavé,
C'est le plus long; mais là, ni fossé, ni barrière;
Ni carrière, ni fondrière
Qui puisse arrêter son cheval.
Bref, quand au terme il fut rejoint par son rival,

Depuis une heure au moins, glorieux et tranquille,
> Sur le prix il avait la main.

> Mes amis, le plus court chemin
> C'est le chemin le plus facile.

FABLE XIV.

LE CHEVAL ET LE TAUREAU.

Convaincu que la force est le premier des droits
(Parfois ce fut aussi l'erreur de quelques rois),
Et croyant qu'à la sienne il n'était pas de bornes,
Un taureau menaçant un cheval de ses cornes,

« Fais-moi place! ou bien tu vas voir
Comment je me la fais. — Robin, sans s'émouvoir
Répond Cadet, la route est-elle donc étroite?
On y passerait quatre aisément. Prends ta droite [32]. »

De rage et d'orgueil tout bouffi,
A ces mots très-sensés qu'il prend pour un défi,
Le quasi-Jupiter [33], pour forcer le passage,
Sur le quasi-Saturne [34] accourt les yeux fermés,

Corne en avant. Au moyen âge,
Ainsi de pied en cap armés,

Les Renauds, les Rolands couraient sur la canaille,
Lance en arrêt. Au choc qui va le renverser,
  Au coup qui va le traverser,
Qu'opposera Cadet ? Accepter la bataille
Aurait été d'un sot. Habile à l'éviter,
Il s'efface, et Robin, qui sans que rien l'arrête
  Sur lui croit se précipiter,
Tout droit contre un vieux mur court se briser la tête.

  Un fou vient-il te menacer ?
  Sois sage, laisse-le passer.

FABLE XV.

LA MARMITE AUTOCLAVE [35].

En vapeur par le feu réduite,
L'eau dans l'airain captive acquiert un tel ressort,
  Que ta chaudière ou ta marmite
Autour d'elle, à cent pas, ira porter la mort,
  Par un imprudent badinage,
  Ou, dans tes essais peu sensé,
A l'effort du fluide en ses flancs condensé,
  Si tu viens fermer le passage,
  Si tu viens gêner dans son jeu
  Cette soupape dont l'usage
  Garantissait de tout dommage
  Ta cervelle et ton pot-au-feu.

Comme une bombe aussi, sous le poids qui l'oppresse
L'esprit peut éclater. Laissez, gouvernements,
Une soupape ouverte à ses emportements;
    C'est la liberté de la presse.

FABLE XVI.

UN GRAND HOMME.

Je connais, ami lecteur,
Je connais plus d'un docteur,
Botaniste, anatomiste,
Chimiste ou naturaliste,
Qui naguère humble écolier
Sous Chaptal ou sous Cuvier [36],
Aujourd'hui croit au moins être
Un peu plus grand que son maître.
Ce qu'il sut, vous dit-il, je le sais; et je sais
Ce qu'à le dépasser, chaque jour plus alertes,
Nos savants par leurs découvertes
M'ont appris depuis son décès.
—Fort bien. Mais inventer est le fait du génie.
J'ai pour tout inventeur une estime infinie;
Et de vous admirer je serais enchanté.

Dites-moi donc, l'ami, qu'avez-vous inventé,
 Et quelles œuvres sont les vôtres ?
 — L'invention n'est pas mon lot;
Je n'ai rien inventé, mais je sais mot pour mot
 Tout ce qu'ont inventé les autres.
— Ce dont je me doutais, cet aveu me l'apprend.
 Ainsi monté sur les nombreux volumes
  Dont nous ont enrichis leurs plumes,
Monté sur eux, par vous vous croyez être grand.

  Dans une de mes promenades,
Voyant certain mousieur qui vers moi s'avançait,
  Et de la tête dépassait
  Le plus grand de ses camarades,
  Le plus grand des tambours-majors;
  Si Goliath [37] vivait encor,
A ce géant, disais-je, il céderait la pomme.
Or ce géant qu'était-ce ? un tout petit garçon,
  Un marmot, à califourchon
  Sur les épaules d'un grand homme.

FABLE XVII.

L'EUNUQUE ET LE GARNEMENT.
IMITÉ DE PHÈDRE.

Un pauvre eunuque avait affaire
A certain garnement qui, sans urbanité,
    Lui reprochait sa nullité,
Grand défaut qui chez lui n'était pas volontaire.
« A la faire oublier je mets tous mes efforts,
En me rendant utile et parfois nécessaire,
Dit l'imberbe : mais toi qui m'oses faire un tort
De mon malheur; mais toi, toi plus cruel encore
    Que les cruels qui m'ont si mal traité,
      Apprends qu'un malheur mérité
      Est le seul qui nous déshonore. »

FABLE XVIII.

LE MÉDECIN ET LE CHARLATAN.

Un docteur, non pas de ceux-là
Qui savent tout hors leur besogne,
Font leur cours au bois de Boulogne,
Et leur clinique à l'Opéra ;
Un docteur vraiment docte, et qui, chose commune
Aux gens plus instruits qu'avisés,
Se promenait les bras croisés
Tout en attendant la fortune,
Un jour de foire ou de marché,
Le nez dans son manteau caché,
Traversant la place publique,
Rencontre un certain charlatan

Qui, doré comme une relique,
Du char qui lui sert de boutique,
Au peuple avec sa rhétorique,
Débitait son orviétan.

Auprès du sire est monsieur Gille
Qui, cachant sous un air balourd,
Un drôle aussi futé qu'agile,
D'une voix à vous rendre sourd
Dégoise avec mainte sornette,
Maint lazzi, mainte chansonnette,
Et vous étourdit tour à tour
Des accents de sa clarinette
Et du bruit de son gros tambour.
Les badauds d'accourir à ces chants ridicules,
Et notre Hippocrate en plein vent,
Dont Gille a fait un Dieu vivant,
A chaque nouvel arrivant
De distribuer ses pilules.
Ayant vidé son magasin,
Comme il courait au bois voisin,
Des lapins séjour solitaire,
Recueillir encor sur leurs pas,

Non quelque plante salutaire,
Mais des bols qui ne sortent pas
Du mortier d'un apothicaire [38] :
« Par charité, lui dit le docteur qui l'a joint,
Par charité, confrère, enseignez-moi la drogue
Qui vous a mis si fort en vogue.
— Ce secret-là, docteur, je ne le livre point ;
Mais je puis vous apprendre un secret plus utile,
Répond le charlatan, sachez le retenir :
Ce n'est pas le tout d'être habile ;
La vogue à votre tour voulez-vous l'obtenir ?
Pour vous prôner ayez un Gille.

ÉPILOGUE.

A LA VALLÉE DE MONTMORENCI.

O la plus belle des contrées
Que le voyageur enchanté
En France même ait rencontrées ;
Bassin de ce lac argenté,
Cette source de la santé
Et du plaisir qui l'environne ;
Frais coteaux, gracieux vallon,
Où même aux derniers jours d'automne,
Flore vient sourire à Pomone ;
Champs aimés de Cérès, bois chéris d'Apollon,
Riants vergers, vertes prairies,
Jardin des Catinat et des Montmorenci,
Où tant de fois Jean-Jacque et Saint-Lambert aussi,

Ont promené leurs rêveries ;
Où, dans ses vers quelque peu froids,
Mais dignes de Boileau par leur forme élégante,
L'un chanta les saisons, à d'immuables lois
Asservissant l'année en leur marche constante ;
Où, fol et sage tour à tour,
L'autre en sa prose enchanteresse,
Donnait des leçons de sagesse
En donnant des leçons d'amour ;
Beaux lieux où le génie habita près des graces,
Où partout je rencontre et leurs noms et leurs traces,
Souriez à ces vers nouveaux,
Enfants de mes loisirs plus que de mes travaux,
Fleurs qu'en vos paisibles retraites,
Sans trop les chercher je cueillis :
La terre qui vit croître et la rose et les lis
Produit aussi des paquerettes.

Octobre 1834.

FIN DU LIVRE QUATRIÈME.

NOTES.

NOTES

DES FABLES.

---

1 PAGE 27.

Le calomniateur et le serpent, ou la justice du Diable.

Fable vingtième du huitième livre. Elle est imitée de Krillof, fabuliste russe. Voir, dans les notes du huitième livre, l'article qui le concerne.

2 PAGE 29.

Les Thoin.

Famille indigène au Jardin des Plantes; elle ne se compose que d'hommes utiles. Le plus célèbre d'entre eux est André Thoin. Né en 1747 dans cet établissement, où son père était jardinier en chef, André n'avait que dix-sept ans quand on le jugea digne de lui succéder. A trente-neuf ans, ce jardinier fut nommé membre de l'Académie des Sciences. Les bornes dans lesquelles nous devons nous renfermer ne nous permettent pas de faire ici l'énumération de ses titres à cet honneur ; mais pour faire apprécier sa haute capacité dans un art dont il a fait une science, il suffira de dire qu'il a eu pour garants Bernard Jussieu, Buffon, Malesherbes et Jean-Jacques. Ses frères, sans avoir son génie, ont pratiqué avec une rare intelligence l'art qu'il a étendu et dans lequel il est législateur.

3 PAGE 30.

> Branche qui, de même nature
> Que Messieurs les Gascons............

Le jardinier de Fontainebleau demandant à Henri IV ce qu'il pourrait semer dans un carré où rien ne *pouvait prendre* : *Sèmez-y des Gascons*, dit ce Gascon, *ils prennent partout*.

Quiconque en doute aille à Stockholm.

NOTES.

4 PAGE 32.

Le paon et le rossignol.

Cette fable est du nombre de celles qui ont été lues en séance publique à l'Académie, où elle fut accueillie avec faveur. Le lendemain, un critique imprima que l'auteur avait refait une fable de La Fontaine. Mettre en scène des acteurs employés par La Fontaine, et les mettre en scène dans une fiction différente de la sienne pour démontrer une vérité différente, est-ce refaire une fable de La Fontaine? Faire des fables après La Fontaine, c'est témérité peut-être. Refaire les fables de La Fontaine, serait sottise assurément.

4 *bis* PAGE 34.

Ces jours de ripaille.

Ripaille, bombance, en style familier, bonne, grande chère. Ripaille dit même plus que bombance, il indique surabondance et excès. Ripaille est le nom d'un château où le premier duc de Savoie, Amédée VIII, s'était retiré, après avoir abdiqué, et où, sous un habit d'ermite, il menait, avec quelques-uns de ses anciens courtisans, désabusés comme lui des vanités de ce monde, la vie la plus joyeuse : de là *faire ripaille*. On se lasse de tout. En 1439, Amédée échangea son capuchon contre la tiare, et se laissa élire pape, ou quasi-pape, ou antipape, sous le nom de Félix V. Le concile de Bâle l'opposait à Eugène IV. C'est alors qu'il commença réellement sa pénitence. Il ne recueillit guère pendant son pontificat que des injures. Les partisans d'Eugène, que le concile traitait *de rebelle, de parjure, de simoniaque, d'hérétique*, appelaient Félix, *cerbère* et *antechrist*. Rassasié de ces honneurs, au bout de dix ans Amédée se démit de la papauté et descendit au rang de cardinal. Il eût mieux fait de revenir à l'état d'ermite.

Voltaire rappelle cette singulière destinée dans l'épître qu'il adressa au lac de Genève quand il vint s'établir sur ses bords :

Au bord de cette mer où s'égarent mes yeux,
Ripaille, je te vois. O bizarre Amédée,
  Est-il vrai que dans ces beaux lieux,
Des soins et des grandeurs écartant toute idée,

Tu vécus en vrai sage, en vrai voluptueux,
Et que, lassé bientôt de ton doux ermitage,
Tu voulus être pape et cessas d'être sage?
Lieux sacrés du repos, je n'en ferais pas tant;
Et malgré les deux clefs dont la vertu nous frappe,
  Si j'étais ainsi pénitent,
 Je ne voudrais point être pape.

6 PAGE 36.

Saint Gille et saint Leu.

Ou saint Leu et saint Gille, *car il n'importe guère que Gille soit devant ou Gille soit derrière.*

Ces deux saints, bien qu'ils n'aient ensemble aucun rapport, marchent toujours accouplés l'un à l'autre comme deux frères ignorantins. Est-ce parce qu'ils sont décédés tous les deux le premier septembre?

Le nom de Gille commande peu de respect; il annonce peu de malice dans l'homme qui le porte. Saint Gille, issu de race royale, n'en était pas moins Grec de nation. Comme Socrate et Platon, il naquit à Athènes. La sainteté devança en lui l'âge de raison. La charité fut sa vertu dominante. Rencontrant un pauvre auquel il n'avait pas d'argent à donner, il lui donna ses vêtements, sans s'inquiéter du reste. Il lui rendit ainsi tout à la fois la chaleur et la santé, car le mendiant n'eut pas plus tôt endossé l'habit de Gille, qu'il fut guéri d'une maladie incurable. La mort de ses parents l'ayant mis en possession de leurs biens, Gille se hâta de s'en débarrasser en faveur de Jésus-Christ, qu'il déclara son légataire universel. En récompense, il reçut le don des miracles. Un homme *piqué par un serpent vénéneux* fut guéri par ses prières, et un démoniaque fut délivré du diable par son intercession. Cela fit du bruit. Pour se soustraire aux visites que lui attirait sa renommée, il s'embarqua, et malgré les tempêtes, qu'il apaisait d'un tour de main, à la grande édification des passagers, il se rendit en Provence. Là, tout simple clerc qu'il était, il vécut trois ans de pair à compagnon avec saint Césarée, évêque d'Arles, guérissant les fièvres, si malignes qu'elles fussent. Reconnu de nouveau pour saint, il quitta de nouveau le monde, et, traversant le Rhône, il se retira près de l'ermite Verédouze. Mais, trahi bientôt par les miracles qu'il ne put s'empêcher de faire, pour échapper à l'admiration qui le poursuivait, il se réfugia dans un désert vers les bouches du fleuve. Abrité par une caverne, et allaité par une biche, Gille vivait là ignoré et tranquille, quand les chiens du roi de France (ce n'étaient pas ceux de Dagobert), qui chassait *dans ces quartiers*, lancèrent la biche. Le pauvre animal vint se réfugier dans la retraite du saint ermite. Un archer décocha un trait à tout hasard, mais ce n'est pas la bête qu'il atteint. Quel fut l'étonnement du roi, qui survint, de voir dans cette caverne la biche couchée aux pieds *d'un moine* dont le sang coulait à grands flots. Il ordonna de panser le blessé; mais Gille, par esprit de mortification, refusa tout secours, heureux de souffrir le reste de sa vie. Le roi s'obstinant cependant à vouloir réparer ce crime involontaire, Gille lui conseilla de faire bâtir dans ce lieu même un monastère, dont il consentit à être le premier abbé. C'est à cette occasion qu'il se fit ordonner prêtre. Tout ceci est d'autant plus merveilleux, que ce roi qui, dit Ribadeneira, s'appelait *Clodouée* (Clovis), était païen. Ce qui ne l'est pas moins, c'est que ce prince, qui avait la conscience chargée *d'un lourd péché*, se convertit à la voix de Gille, et fut le premier de nos rois chrétiens.

Ce récit s'accorde peu avec l'histoire reçue, qui attribue la conversion de Clovis, non pas à une partie de chasse, mais à une bataille, mais à la victoire de Tolbiac; il peut sembler singulier aussi que Clovis soit venu *courre le cerf* dans la Camargue : cela n'est pourtant pas impossible, puisque le Languedoc et la Provence ont été un moment en son pouvoir. D'ailleurs en faits de cette nature, il ne faut pas y regarder de trop près. Gille mourut le 1ᵉʳ septembre vers l'an 5oo. (*Extrait de la Fleur des Saints*).

La vie de saint Leu, quoique aussi abondante en miracles que celle de saint Gille, est un peu moins romantique, mais elle n'est pas pour cela dénuée d'intérêt. On n'y trouve pas de biche, mais on y trouve un roi ; c'est quelque chose.

Saint Leu était, non pas d'Athènes, mais d'Orléans. Il sortait aussi de race royale. Annoncé pour saint dès sa naissance, il s'adonna à la prédication et à l'oraison, se relevant au milieu de la nuit pour prier, et crochetant à cet effet les portes de l'église, qu'il remplissait d'une splendeur égale à celle du soleil. Appelé à l'archevêché de Sens par le peuple, dont le choix fut confirmé par le roi, il redoubla de ferveur, et, réunissant les fonctions de sacristain à celles de prélat, en dépit du proverbe, il sonnait les matines et les chantait tout à la fois. Ce zèle lui obtint du ciel une faveur insigne ;

celle d'ouïr d'ici-bas ce qui se chantait là-haut, celle d'ouïr *le pater que les anges entonnaient d'une douceur merveilleuse.*

En sonnant les cloches, il opéra plus d'un miracle. Le moindre n'est pas d'avoir mis ainsi le holà entre deux braves gens qui se battaient pour une coquine.

Donnant tout ce qu'il avait, comme saint-Gille, saint-Leu n'avait souvent plus rien à donner. Une fois qu'il n'y avait plus de vin à la cave, comme ses grands-vicaires lui conseillaient de congédier une troupe de pélerins qui lui demandaient à boire : « La Providence y pourvoira, » dit-il : et en effet la Providence lui envoya vingt charrettes de vin de Bourgogne ; ce dont il prit occasion pour recommander à son clergé de *se confier en celui qui nourrit les plus petites bêtes.*

Clotaire, roi de France, qui régnait alors, voulant s'emparer de la ville de Sens, la fit assiéger par le général Bildebaut. Ce Bildebaut y entrait déjà par la brèche, quand, recourant à sa pratique ordinaire, l'archevêque sonna ses cloches ; à la première volée, force fut à Bildebaut de décamper avec toute son armée.

Clotaire néanmoins, reconnu roi de Bourgogne, envoya pour gouverneur à Sens Fardulphe, homme avare et hautain. Le prélat ne put s'entendre avec ce gouverneur. Dès le premier jour une querelle s'éleva entre eux sur une question de préséance, l'archevêque prétendant, comme lieutenant de Dieu, ne pas devoir la première visite au général, qui n'était que lieutenant du roi. Nous ne savons pas qui eut le dernier; mais nous savons que Fardulphe se vengea de saint Leu, qu'il le fit suspendre de ses fonctions, et qu'il le remit sous la garde d'un capitaine païen, nommé Bozon. Mais cette persécution eut un terme. Le prisonnier, qui, en rendant la vue à un aveugle, convertit son geôlier et ses gardes, fut bientôt réintégré dans son siége par le roi, qui voulut le voir, et qui, le trouvant *extrêmement changé*, se jeta à ses pieds, demandant son pardon avec larmes, puis le fit asseoir à sa table, où il le servit lui-même. De plus, il lui fit de riches présents, que le pasteur accepta pour son église, où il se hâta de retourner.

Chemin faisant, il éteignit à Melun, par ses prières, un incendie qui dévorait un grenier plein de blé. Le reste de sa vie ne fut qu'une série de miracles. Un jour qu'il disait la messe avec plus de ferveur encore qu'à l'ordiuaire, une escarboucle étincelante descendit du ciel, et vint se placer à son doigt. Le roi voulut avoir ce joyau. Ce fut la plus belle pièce de son écrin.

Une cloche bénite par saint Leu rendait un son si harmonieux, qu'elle ranimait la dévotion dans les cœurs les plus refroidis. Le roi voulut aussi l'avoir; il la fit enlever. Mais comme en sortant du diocèse elle avait perdu la voix, il se hâta de la renvoyer à Sens, où elle la recouvra dès son arrivée.

Le nombre des aveugles, des sourds et des boiteux guéris par saint Leu ne saurait se compter; toujours humble, malgré cela, cet archevêque voulut être enterré dans l'égout de Sainte-Colombe. Mais cet égout fut bientôt recouvert par une chapelle où ses reliques ont fait merveille. Tel est le précis de la vie de saint Leu, que les évêques peuvent prendre pour modèle, et les carillonneurs pour patron.

Leu, en patois picard, signifie *Loup*; témoin le distique cité par La Fontaine :

« Biaux chires leups, n'écoutez mie
« Mère tenchent chen fieux qui crie. »

Ce mot a-t-il le même sens en patois orléanais? Belle

question à discuter pour les lexicographes et les linguistes.

7 PAGE 37.

DELILLE (Jacques).

Traducteur des Géorgiques, traducteur de l'Énéide, traducteur du Paradis perdu, et traducteur dans la meilleure acception de ce mot, car, en traduisant ces poëmes en vers, il en a traduit le sens et la forme. Delille, que l'on ne considère ici que comme traducteur, est de plus auteur de plusieurs poëmes, soit didactiques, soit descriptifs, tels que les Jardins, les Géorgiques françaises, l'Imagination, dans lesquels il applique tout le charme de la poésie aux matières qui semblaient le plus rebelles à la poésie. Delille est, avec Voltaire, le poète du dix-huitième siècle qui a le mieux connu les ressources de notre langue, et qui a le plus contribué à les étendre. Aussi sa réputation est-elle prodigieuse. Si grande qu'elle soit, elle n'est pas disproportionnée avec son mérite. Une certaine école, ou plutôt certains écoliers, la lui contestent cependant. Il est vrai que ces écoliers-là ne traitent pas mieux Racine. Il est des temps où le coassement des grenouilles couvre le chant des rossignols. L'auteur de cet apologue espère qu'on ne l'accusera pas de partager les opinions de ces grenouilles là.

8 PAGE 65.

Le Remora.

Echeneis, ou *Echenes*, ou *Echneis*, genre de poissons de la division des *thoraciques*, dont le caractère consiste à avoir la tête aplatie ou tronquée en dessus, et garnie de lames transversales pectinées.

Le *Remora*, qu'on nomme aussi *succet*, *pilote*, *arrête-nef*, est au nombre de ces êtres réels auxquels l'antiquité a prêté une existence fabuleuse. Elle lui attribuait le pouvoir d'arrêter une nef au milieu de sa course en s'attachant à son gouvernail. C'est un *Remora*, dit Pline dans un de ses plus éloquents articles qui, dès le commencement de la bataille d'Actium, paralysa les manœuvres du navire d'Antoine, et donna la victoire à Octave. Ainsi un petit poisson a disposé de l'empire du monde.

9 PAGE 67.

Jonas.

Un des douze petits prophètes. Ses aventures seules

sont connues, ses prophéties n'ont pas été recueillies.

Envoyé par le Seigneur aux Ninivites pour les prêcher, au lieu de remplir cette mission qui le contrariait, il s'embarqua pour Tharsis. Une tempête s'étant élevée en châtiment de sa désobéissance, les matelots, à qui le sort l'a désigné comme l'objet du courroux céleste, le jettent à la mer. Un poisson l'avale, et après l'avoir gardé trois jours et trois nuits dans son ventre, où il composa un cantique, le vomit sain et sauf sur le rivage. Rendu, par cette leçon, plus docile aux ordres du Seigneur, Jonas se met en route pour Ninive. A sa voix, qui annonce que dans quarante jours Ninive sera détruite, tous les habitants de Ninive, bêtes et gens, font pénitence de si bonne foi que le Seigneur leur pardonne. Jonas en prit de l'humeur au point de s'en plaindre à Dieu et de désirer la mort. Cependant, pour voir comment cela finirait, il sortit de Ninive, et s'établit à l'orient de la ville dans une petite cabane qu'il se fabriqua. Le Seigneur fit naître sur cette cabane un lierre qui ombragea la tête du prophète, ce qui lui fit une grande joie. Mais elle ne fut pas de longue durée. Dès la nuit suivante, un ver, suscité par le Seigneur, fit mourir le lierre, et un vent brûlant dès le lever du soleil qui, plus ardent ce jour-là que de coutume, frappait à plomb sur la tête de Jonas, accrut encore la chaleur et la rendit insupportable. Jonas demanda encore la mort. Le Seigneur lui fit à cette occasion une utile leçon. « Tu regrettes, lui dit-il, un lierre à la naissance duquel tu n'as pas contribué, et tu te fâches de ce que j'épargne une grande cité dans laquelle, indépendamment des bêtes qui n'y sont pas en petit nombre, il y a plus de cent vingt mille personnes qui ne savent pas distinguer leur droite de leur gauche. »

Tel est le précis des aventures de Jonas, prophète de malheur s'il en fut, mais dont heureusement aucune prédiction ne s'accomplit. De là son humeur : en effet, la miséricorde divine compromit tant soit peu sa réputation. Ce n'est pas là, toutefois, ce qui doit étonner. Dieu, qui est souverainement bon, obéissait à sa nature, en se laissant désarmer par le repentir, et la semonce qu'il fit à Jonas est admirable. Mais ce qui peut étonner, c'est que les Ninivites, qui étaient idolâtres, aient fait pénitence dans le sac et dans la cendre à la voix d'un prophète du dieu d'Israël.

Quant à l'histoire de la baleine, elle nous étonne beaucoup moins. Les naturalistes prétendent que, si grosse que soit une baleine, son œsophage ne saurait livrer passag au plus petit des prophètes. Ils oublient donc qu'il s'agit ici d'un miracle, et qu'un miracle est un fait hors de l'ordre naturel. C'est parce que ce fait est incroyable qu'il doit être cru.

Les aventures de Jonas, comme celles de Samson, ont été mises en arlequinade au théâtre et ailleurs. Jonas, disait en chaire le petit père André, prêchait à Ninive en vertu de lettres patentes dont voici la teneur :

« Nous Ninus, etc., à tous manants et habitants de notre bonne ville de Ninive, savoir faisons que, sur l'avis à nous donné par notre amé et féal *maître Jonas*, que Dieu, etc., avons ordonné et ordonnons que, etc., parce que *le dit Jonas* est prophète du *dit Dieu*. »

Tallemand des Réaux, t. 3.

10 PAGE 67.

la place
Où certain roi de bronze est tombé de cheval ;

La place que décorait la statue équestre de Louis XV et où, par suite de la révolution du 10 août 1792, cette statue fut renversée et brisée comme celle de Henri IV. C'est la première fois que ces deux rois ont été traités de la même manière, mais ce n'était certes pas dans un jour de justice.

Le squelette que l'on voyait là pour un franc et demi,

était-il celui du poisson de Jonas, poisson qu'on dit être une baleine? On n'a pas de notions assez précises sur la longévité de cette espèce de mammifère pour l'affirmer; cependant si la longévité d'un animal était en proportion avec sa taille, de combien la vie de la baleine ne l'emporterait-elle pas sur celle de l'homme, qui, même après le déluge, vivait jusqu'à 950 ans? témoin Noé. Or Jonas prêchait du temps d'Ozias, 806 ans avant la venue de Jésus-Christ, c'est-à-dire 2636 ans avant l'an de grace 1830, époque vers laquelle la carcasse de son poisson fut apportée à Paris. Accordons à ce poisson cinquante ans pour grandir, et ajoutons-les aux 2636 ci-dessus mentionnés, il n'avait, d'après ce calcul, que 2686 ans quand on l'a disséqué; ce qui ne serait que trois fois l'âge de l'homme avant qu'il eût dégéneré en force, malgré l'invention du vin.

11 PAGE 67.

Qu'un Firmin auprès de Talma.

Cet acteur n'a pas craint de prendre des rôles de Talma. Voyez dans *les fables nouvelles mises en vers par M.* DE

La Fontaine, la fable *du corbeau voulant imiter l'aigle*, ou celle *de la grenouille qui veut se faire aussi grosse que le bœuf.*

12 PAGE 67.

Que Gosse.

On a omis de dire, page 259 du deuxième volume de ces Fables, que ce propriétaire était aussi fabuliste.

13 PAGE 79.

La grêle a ses trésors, dit Job.

Numquid ingressus es thesauros nivis, aut thesauros grandinis aspexisti ? « Connais-tu les trésors que renferme la neige? et les trésors cachés dans la grêle, les as-tu jamais vus? » Job., ch. 78., ℣. 22.

14 PAGE 80.

Le lacryma Christi. (Larme du Christ.)

Vin qui croît dans les laves, sur le penchant du Vésuve, ou plutôt de *Monte somma*. Les Napolitains le trouvent exquis. Il n'est pourtant pas du goût de tout le monde.

« Le jour où le Christ versa ces larmes-là, il avait une douleur bien amère, » dit un Français, qui peut-être était tombé sur une mauvaise bouteille.

15 PAGE 84.

Jean Chouart.

Les érudits donnent une singulière étymologie à ce nom. Nous ne la consignons pas ici par respect pour les dames. Ce nom de chose a été quelquefois employé comme nom d'homme; l'on prend souvent la partie pour le tout. *Jean Chouart*, suivant *la chronique scandaleuse*, était le nom ou le sobriquet d'un lieutenant civil au châtelet de Paris en 1465. Rabelais en fait un synonyme, mais non pas pour désigner un agent du pouvoir public. La Fontaine en fait le nom d'un curé, de celui dont il accole la mésaventure au désappointement de Perrette, dans une fable qui démontre la même vérité que celle du *Pot-au-lait*, tragédie faite sur un sujet de comédie.

16 PAGE 86.

Un poirier bon-chrétien.

Espèce de poire ainsi nommée, dit-on, en mémoire de

saint François de Paule ou *Paula*, qui l'aurait apportée en France.

François Martorillo, dit de Paule, du nom de la ville où il est né, était un ermite de Calabre. Ses austérités et sa piété lui avaient acquis une grande réputation de sainteté. Louis XI, attaqué d'une maladie mortelle, le fit venir, espérant en obtenir ce qu'il n'obtenait pas de son médecin. Mais François ne pouvait rien sur le corps ni sur l'ame de ce roi; l'un et l'autre étaient incurables. Quand, prosterné à ses pieds, Louis, aux instances duquel il ne s'était rendu que par un ordre exprès du pape, lui demanda la vie, *ce sage homme lui répondit ce qu'il devoit*, dit Philippe de Comines.

Ce François-là fut le fondateur de l'ordre des minimes, autrement appelés *Bons-hommes*, que retint en France la faveur de nos rois. Charles VIII leur fit bâtir un monastère dans le parc même de Plessis-les-Tours. Louis XII approuva que sa femme Anne de Bretagne leur donnât son *manoir* de Chaillot pour en faire un couvent, qui portait le nom de *bons-hommes*, et que, depuis la destruction des ordres religieux en France, on a converti en établissement utile, en filature.

NOTES.

17 PAGE 90.

Mignot.

Rôtisseur immortalisé par la rancune de Boileau, qui n'aimait pas plus la mauvaise cuisine que les méchants vers.

> Ma foi, vive Mignot et tout ce qu'il apprête !
> —Les cheveux cependant me dressaient sur la tête :
> Car Mignot c'est tout dire, et dans le monde entier
> Jamais empoisonneur ne sut mieux son métier.

Mignot se vengea de Boileau, en débitant des biscuits enveloppés dans une satire de Cottin contre ce satirique. Ni les biscuits ni la satire n'y gagnèrent.

18 PAGE 90.

Méot et Beauvillier.

Cuisiniers de notre époque. Ils ont été célèbres à des titres tout opposés à ceux de Mignot; mais ils ne sont pas immortels. Déja l'oubli les atteint; et pourquoi? Horace vous le dit :

> Vixere fortes ante Agamemnona
> Multi : sed omnes illacrymabiles
> Urgentur, ignotique longa
> Nocte : carent quia vati sacro.

« Des héros vécurent avant Agamemnon, mais l'oubli
« enveloppe d'une nuit éternelle leur nom, qui n'obtint
« jamais un regret, parce que leur gloire n'a pas été con-
« sacrée par les chants du poète. »

[19] PAGE 96.

Monsieur Corbière.

Comme membre de la chambre *introuvable*, il s'était signalé dès 1815 par la dureté de ses opinions. A l'entendre, l'ordonnance du 24 juillet péchait par excès d'indulgence. Il fallait y remédier en substituant des catégories à des désignations personnelles. En dépit de sa clémence, Louis XVIII ne s'offensa pas de trouver M. Corbière plus royaliste que le roi, car il l'appela successivement à la dignité de président de l'instruction publique et à celle de ministre de l'intérieur. Peu d'hommes ont fait autant de mal à la France que M. Corbière à cette époque, où tant d'hommes lui en ont tant fait. Son long ministère n'a été que celui d'une tyrannie sourde et constante, dirigée contre les idées libérales et contre les hommes qui les répandaient. Savants, littérateurs, publicistes, artistes, artisans, quiconque était soupçonné de libéralisme était pour cela même l'objet de la persécution de ce docteur en droit que le mouvement contre-révolutionnaire avait porté au pouvoir. Personne moins que lui ne respecta le bien d'autrui : d'un trait de plume il enlevait à l'imprimeur d'un ouvrage qui lui déplaisait, son brevet et sa fortune. Ne respectant pas même l'indépendance des académies, il leur prescrivait le choix qu'elles devaient faire, ou faisait annuler le choix qu'elles avaient fait. Non moins tyrannique envers les théâtres, cependant il traçait aux auteurs les sujets qu'ils devaient traiter, aux acteurs les pièces qu'ils devaient jouer ; et, travaillant tout à la fois à comprimer l'esprit humain dans les classes supérieures, et à le corrompre dans les classes inférieures, tandis qu'à l'aide de la censure il entravait la publication des ouvrages susceptibles de développer des sentiments généreux, il provoquait par des encouragements la fabrication des ouvrages qui entretiennent le peuple dans ses habitudes grossières et flattent ses plus ignobles penchants. C'est à sa politique qu'il faut surtout attribuer la décadence de l'art dramatique. Les gens qui, sous diverses dénominations, ont opéré la ruine et la dégradation du théâtre français, n'ont fait que marcher dans la voie qu'il leur avait ouverte, et qu'exécuter ce qu'il avait conçu. Ils n'ont pas atteint toutefois le but qu'ils se proposaient. A l'esclavage où il tenait ce théâtre, a succédé l'inconcevable licence qui règne encore aujourd'hui ; il n'a détruit que le goût du bon et du beau ; il n'a provoqué que cette corruption de goût par suite de laquelle le premier théâtre de l'Europe, répudiant son ancienne gloire, et se ravalant jusqu'à imiter les plus monstrueuses productions des théâtres étrangers, se traîne même à la suite des théâtres les plus infimes de la capitale.

C'est sous le ministère de M. Corbière que le duc de Liancourt, qui a importé la vaccine en France, s'est vu expulsé du comité de vaccine, et que le cercueil de ce philanthrope a été précipité dans la boue par les agents de l'autorité. M. Corbière est décoré du cordon bleu.

[20] PAGE 102.

Le plus lourd de tous les rois.

Le premier des rois lourds dont l'histoire fasse mention est *Églon, crassus nimis,* qu'*Aod* poignarda de la main gauche, *dum purgabat alvum;* puis vient *Agag,* que Samuel hacha menu comme chair à pâté, et qui devait être de poids, *nam pinguis erat,* est-il dit au livre des Juges. *Vitellius, Louis-le-Gros, Guillaume-le-Conquérant,* n'étaient pas des princes légers; *Gargantua* non plus, qui avait *ventrem omnipotentem*. Des sceptiques révoquent, il est vrai, l'existence de ce dernier; mais ils ne sauraient contester celle de Henri VIII, ni celle de Louis-*le-Désiré*. Nous savons qu'ils ont vécu, et Dieu sait ce qu'ils pesaient! Mais comme l'histoire n'en a pas tenu note, nous n'osons dire qui des deux doit l'emporter sur l'autre. A tout prendre, ces deux bons rois pourraient bien se faire équilibre.

21 PAGE 119.

Chacun a son dada, chacun à l'aventure
Vers la célébrité marche à califourchon.

L'histoire de ces dadas servirait de supplément à la *Biographie universelle*. On sait l'histoire des dadas de Sancho et d'Alexandre. Mais celle du dada d'Agésilas est moins connue. Voici comment la raconte Plutarque : « Agésilaüs avoit cela entre autres choses qu'il aimoit fort « tendrement ses enfants; et lon compte de luy qu'il se « jouoit avec eulz emmy sa maison quand ils étoient pe-« tits, *montant dessus un baston* ou dessus une canne, comme « sur un cheval, auquel estat l'un de ses amis l'ayant « trouvé en son privé (*equitans in arundine longa*), il le

« pria de n'en vouloir rien dire jusqu'à ce que luy mesme
« eust de petits enfants. » (*Trad. d'Amyot*).

Je ne sais quel ambassadeur surprit Henri IV, s'amusant de même avec ses enfants; à cette différence près pourtant, que dans leurs jeux c'est lui qui était le dada. « Avez-vous des enfants, dit-il à l'ambassadeur ? — Oui, sire. — En ce cas je vais achever mon tour; » et il l'acheva.

Le grison de Rossini est moins connu que celui de Sancho. M. Ottone *Totola* est l'auteur de plusieurs *libreti*, et particulièrement de celui de *Mosé*. C'est son Cid.

22 PAGE 129.

Grillandus.

« Beau nom pour un inquisiteur! » dit Voltaire. Ce nom n'a pas été fait à plaisir. *Magister Grillandus* a écrit sur la jurisprudence de l'inquisition, et aussi sur celle de la sorcellerie. Des quinze espèces de tortures que le saint-office employait pour obtenir l'aveu des accusés, la plus efficace, dit-il, était la privation du sommeil, pratique qu'il recommande fort. On lui est redevable de plusieurs découvertes qui ne sont pas sans importance : c'est par lui que l'on sait que le diable apparaissait au sabbat sous la forme d'un bouc, et que ce bouc s'appelait *Martinet*.

23 PAGE 129.

Cantaloup galeux.

Galeux est ici le mot propre. Ce melon, originaire d'Arménie, mais qui avant d'être cultivé en France l'était à *Cantalupi*, village voisin de Rome, est, disent les *horticulteurs*, remarquable par *ses grosses gales*. Ils n'ont pas trouvé d'expression plus gracieuse pour désigner les protubérances ou les tubérosités dont l'écorce de cet excellent melon est semée.

24 PAGE 141.

Ainsi que l'Éternel, qui lui-même est en robe.

Les peintres, à commencer par Raphaël, l'affublent tous, en effet, de la tunique et du manteau; dans quelques tableaux même, équipé en pape, et portant chappe et surplis, il est coiffé de la triple couronne. Ce n'est plus alors le saint-père qui représente Dieu, mais Dieu qui représente le saint-père. Donner un habit à Dieu! Pour faire sentir le ridicule de cette idée que semble atténuer la gravité du costume antique, habillez Dieu à la française, sans oublier le chapeau à trois cornes. Donner à Dieu la figure humaine! Il est vrai qu'il nous a faits à son image: est-ce par reconnaissance que nous l'équipons à la nôtre?

Dieu, qui peut à peine être conçu, peut-il être figuré? Moïse, qui l'a vu, me le fait moins voir quand il me le peint prenant le frais après midi, dans le paradis, *in paradiso ad auram post meridiem*, que le Dante quand il se dit inondé d'une splendeur dont il voyait les rayons et ne voyait pas le foyer.

Moïse au reste, si l'on en croit le petit père André, n'aurait jamais vu l'éternel face à face. « *Dieu en lui parlant*, dit ce prédicateur, *ne lui montra partout que son derrière.* » *Tallemant de Réaux,* tome III.

25 PAGE 146.

Celui qu'entre ses draps admettait certain JULES.

J'avais entendu dire qu'un critique faisait du compagnon de saint Antoine son camarade de lit, ou qu'il couchait avec un cochon et *le cochon aussi*, par conséquent, mais je ne pouvais croire ce fait. Il a bien fallu pourtant se rendre à l'évidence, quand je l'ai vu attesté, non pas par le cochon, qui ne s'en est pas vanté, mais par son camarade, dans un feuilleton signé JJ, initiales qui ne représentent pas là les noms de Jean-Jacques.

26 PAGE 163.

Cancanière.

Faiseuse de cancans ; mot nouveau qui n'est pas du style le plus relevé, mais qui s'applique assez bien au cri de la cane. C'est une onomatopée, dirait un docte.

27 PAGE 170.

Bien qu'un savant toujours ne soit pas un génie.

L'aptitude d'apprendre qui caractérise le savant, et l'aptitude à produire, à créer, qui caractérise le génie, peuvent se trouver réunies dans le même individu ; cet apologue ne concerne que les gens qui ne possèdent que la première.

28 PAGE 172.

Tout en buvant, disait Caton le vieux,
Qui, lorsqu'il avait bu, n'en raisonnait que mieux.

> Naratur et prisci Catonis
> Sæpe mero caluisse virtus,

dit Horace dans ces vers que traduit ainsi le jésuite Sanadon : « Caton, ce rigide censeur, anima, dit-on, plus « d'une fois sa vertu par une *pointe de vin.* »

Si élégante que soit cette version, on peut lui préférer l'imitation que J.-B. Rousseau a faite du même passage, dans la plus philosophique de ses odes :

> La vertu du vieux Caton,
> Chez les Romains tant prônée,
> Était souvent, nous dit-on,
> De falerne enluminée.

29 PAGE 178.

Du cheval pour chevreuil, et pour lapin du chat.

Un procès dont le souvenir égaie encore Paris a révélé aux gourmets des guinguettes un artifice dont ils étaient dupes depuis long-temps; il leur a appris comme quoi les traiteurs *extra muros* leur faisaient manger des chats pour des lapins; pratique qui pourrait bien être en usage aussi *intra muros.*

Iliacos intra muros peccatur et extra.

Quant à l'artifice de certains restaurateurs, qui débitent pour filet de chevreuil du filet de cheval, voici comment il a été découvert. Deux médecins des plus habiles de cette époque, ayant été chargés, dans l'intérêt de la santé publique, d'inspecter les industries qui pourraient y porter atteinte, entrent chez un équarrisseur. Le maître était absent : ils visitent néanmoins l'établissement. On leur en avait ouvert toutes les portes, excepté une dont une servante qui les conduisait ne voulait pas donner la clef. « Personne n'entre là, » dit-elle. « Motif pour y entrer », répliquaient les inspecteurs. Comme ils insistaient, survient le patron. « Que fait-on donc de si secret ici ? lui disent-ils en exhibant l'ordre en vertu duquel ils agissaient. — *Du filet de chevreuil*, messieurs. Cela ne se montre pas à tout le monde; mais rien de caché pour vous : et ouvrant la porte il leur fait voir des tranches de cheval suspendues sur des ficelles qui traversaient d'un bout à l'autre de la pièce. — Vous débitez cela pour du chevreuil ? — On n'en sert pas d'autre chez plus d'un restaurateur. Bien mariné, c'est à s'y tromper, je vous jure. Au reste, nous n'employons pour cela que la chair des chevaux sains, et abattus par nous-mêmes pour cause de fractures. »

« C'était vrai, poursuivit l'inspecteur qui m'a conté la chose; la chair était aussi saine que la meilleure qui soit exposée à la boucherie. Sous le rapport de la salubrité, nous n'avions rien à dire ; et comme il n'y a pas de réglement qui défende le commerce que faisait cet honnête homme avec d'honnêtes cuisiniers, nous nous retirâmes, sans faire à ce sujet la moindre observation ; mais nous nous promîmes bien de ne demander désormais du chevreuil chez le restaurateur que lorsque nous aurions la fantaisie de manger du cheval : ce qui peut arriver. »

Aujourd'hui, 18 juillet, je lis dans les journaux que la femme Monot, bouchère à Guipardas près Brest, y a débité pour chair de mouton celle de son caniche, qu'elle avait tué pour en avoir la peau. Nous sommes dans le siècle des perfectionnements.

29 *bis* PAGE 178.

Par lui Boileau, dans son Lutrin,
Est quasi rival de Virgile.

Les gens qui méprisent Virgile (et il y en a beaucoup aujourd'hui) seront de notre avis, car ils n'estiment pas plus Boileau ; et les gens qui admirent Virgile (il s'en trouve encore) en seront aussi, parce que le mérite de Boileau ne peut être méconnu de ces gens-là. Dans le *Lutrin*, Boileau, tout en jouant, s'élève souvent à la hauteur du grand poète qu'il parodie.

3ᵉ PAGE 182.

Quand mère-grand remplit sa tâche.

Le rapprochement de ces deux mots, *grand et remplit*, produit un son assez semblable au ronflement d'un rouet. Ce n'est cependant pas pour obtenir cet effet que l'on a employé ici ces mots, mais seulement parce que l'expression *mère-grand* est plus naïve que celles qu'on pourrait lui substituer. Le *Petit Chaperon rouge* n'en emploie pas d'autres, or le *Petit Chaperon rouge* est classique dans le genre. Si donc on a fait ici de la poésie imitative, c'est sans le vouloir. Le poëte doit éviter avec soin le concours des mots dont le rapprochement blesse l'oreille; mais chercher par le rapprochement des mots à faire ce qu'on appelle de la poésie imitative, cela m'a toujours paru une véritable puérilité.

31 PAGE 184.

La chasse au clocher.

Nouveau genre de course importé d'Angleterre, à qui nous sommes redevables de quelques inventions encore plus utiles. Il consiste à courir, à travers champs et à travers choux, sur un but visible de loin, tel qu'un clocher, et cela au risque de se casser le cou et de casser les jambes à son cheval, qui pis est.

32 PAGE 186.

Prends ta droite.

Convention en conséquence de laquelle, en France, les voyageurs venant de deux points opposés évitent de se heurter et de s'accrocher, chacun étant sûr de trouver le chemin libre dans sa direction; mais convention de police plus que de politesse. La politesse voudrait, ce me semble, non pas qu'on prît la droite, mais qu'on la cédât, la droite étant le côté d'honneur de temps immémorial. «*Sede a dextris meis,* asseyez-vous à ma droite, dit le psalmiste.» Au jugement dernier, après avoir été séparées des boucs, les brebis seront placées à droite du souverain juge.

Inter oves locum presta,
Et ab hædis me sequestra,
Statuens in parte dextra.

« Accordez-moi une place parmi les brebis, et, me séparant des boucs, mettez-moi *à votre droite,* » est-il dit dans le *Dies iræ.* Il y a pourtant des pays où le voyageur prend sa gauche: tel est l'usage en Belgique, par exemple. Y serait-on plus poli qu'en France?

33 PAGE 186.

Le quasi Jupiter.

Jupiter prit la forme d'un taureau pour séduire Europe; ce n'est pas la moins ingénieuse de ses métamorphoses.

34 PAGE 186.

Le quasi Saturne.

C'est la forme d'un étalon, que celui-là prit pour plaire à la nymphe Phillyre.

35 PAGE 188.

La marmite autoclave.

Il ne faut l'employer qu'avec une excessive prudence. Elle fait d'excellent bouillon; mais une étourderie peut vous coûter la vie. C'est un peu trop risquer pour manger de la bonne soupe.

36 PAGE 190.

Chaptal.

Un des grands chimistes de notre époque. Il s'est

particulièrement occupé de l'application de la chimie aux arts, et, sous ce rapport, il a rendu d'immenses services à l'industrie.

Cuvier (George), un des esprits les plus vastes, un des génies les plus extraordinaires qui aient jamais paru. Son intelligence pouvait s'appliquer à tout avec un égal succès. Familier avec toutes les sciences, il s'adonna par prédilection aux sciences naturelles, et spécialement à l'*anatomie comparée*. Appliquée à l'examen des *ossements fossiles*, cette science le conduisit aux plus étonnantes découvertes. Il retrouva nombre d'animaux dont les espèces ont disparu de dessus le globe. Il est créateur sous ce rapport; car ressusciter c'est créer. Dans la force de l'âge et dans toute celle de son génie, qu'avaient encore étendu l'expérience et l'observation, George Cuvier semblait devoir fournir une longue carrière, quand la maladie la plus étrange et la plus inopinée l'enleva, en 1832, aux sciences et à ses amis. Les uns et les autres ont fait dans ce grand homme une perte irréparable.

[37] PAGE 191.

Goliath.

Philistin d'une taille démesurée. Il fut abattu par la

fronde d'un pygmée, par la fronde de David, à peine sorti de l'adolescence. Il avait un peu plus de six coudées de haut. Il y a eu des hommes encore plus grands, quand ce ne serait que Og, roi de Bazan : celui-là avait neuf coudées. Antée, dont les ossements ont été retrouvés, si l'on en croit Strabon et Plutarque, n'avait pas moins, disent-ils, de soixante coudées ; c'est beaucoup, mais on peut en rabattre, car, après tout, cette estimation n'est pas dans un livre canonique. Si l'on songe que la coudée équivaut à un pied et demi, on trouvera Goliath d'une taille honnête.

38 PAGE 195.

Des bols qui ne sortent pas
Du mortier d'un apothicaire.

Ces bols me rappellent une assez plaisante anecdote. Laignelot, homme plus connu comme membre de la convention que comme auteur d'un *Agis* qui fut joué avec quelque succès en 1782, eut la fantaisie, à une époque où il n'avait encore participé à aucun acte tragique, de faire un voyage à la Trappe. Fils d'un honnête boulanger de Versailles, il n'était pas riche, et ne pouvait pas prendre la poste; mais il était jeune, il avait de bonnes jambes : il part à pied avec un ami. Leur curiosité satisfaite, les deux compagnons reviennent, mais non sans s'amuser en route, sans se dédommager dans les bons endroits, de l'ennui qu'ils avaient éprouvé chez les moines. Soit qu'ils ne regardassent pas assez à la dépense, soit par suite d'événements imprévus, à moitié chemin ils se trouvent sans argent, dans une petite ville où ils ne connaissaient personne, à Dreux je crois. Dès ce temps-là les aubergistes ne faisaient pas crédit aux voyageurs sans caution, et les bourgeois ne cautionnaient pas le premier venu. Comment sortir d'embarras ? C'était un jour de foire ou de marché. Après avoir fait un tour dans la campagne, nos deux pèlerins viennent s'établir sur la place. L'un est M. le docteur, l'autre est Jeannot son valet; et les voilà distribuant, non pas gratis, en cornets de papier, comme panacée universelle, des pilules plus saupoudrées de farine que de sucre. Comme elles leur coûtaient moins cher encore qu'ils ne les vendaient, à si bon marché qu'ils les vendissent, elles eurent un grand débit, et leur procurèrent plus qu'il ne leur fallait pour revenir à Versailles, où l'on ne dit pas qu'ils aient continué ce commerce. Mais encore, dira-t-on, qu'était-ce que cette drogue ? — Une

drogue des plus naturelles. — Mais qui l'avait fabriquée?
— Les lapins d'une garenne voisine. Des gens bien informés assurent que l'effet de ces pilules ne fut pas moins efficace que celui de certaines pilules de mie de pain que le docteur Corvisart faisait prendre à l'impératrice Marie-Louise, pour peu qu'elle eût d'inquiétude sur sa santé, et qui la guérissaient de tous les maux qu'elle n'avait pas.

P. S.

Ici je mets une troisième fois le signet : est-ce pour ne plus le retirer ? je ne sais.

Après avoir dit :

Nunc itaque et versus et cætera ludicra pono,

Horace a-t-il cessé de faire des vers? quand l'esprit une fois essayé de cette forme pour exprimer la pensée, il est rare qu'il y renonce jamais absolument. Les uns y tiennent comme à une occupation, les autres comme à un amusement.

Je suis de ceux-là, et j'ai dit pourquoi dans le prologue qui est en tête de ce volume; mais autant que je le puis, je rends mes amusements utiles, en appliquant à la morale ce goût pour la versification que dans ma jeunesse j'appliquais à l'expression des passions. Le vrai moyen de se faire pardonner ce goût à mon âge, n'est-ce pas de faire ce que Socrate, plus âgé que moi faisait en attendant la mort? Il versifiait des fables, «jugeant, est-il dit dans le Phœdon, cette matière plus qu'aucune autre digne d'occuper le talent du poète.» Ajoutons à cela qu'elle est plus compatible peut-être avec la dignité de la vieillesse que la matière sur laquelle s'exerça la verve d'Anacréon.

Si j'ai réussi à démontrer par des fictions nouvelles quelques-unes des vérités qui m'ont été révélées par l'expérience, j'ai bien employé mon temps. Dans le cas contraire, je l'ai fort innocemment perdu.

Montmorency, le 4 juillet 1834.

ARNAULT.

FIN DES NOTES.

TABLE.

Avertissement.................................... 1
De l'Apologue en action. 3

A.

	Fables.	Livres.	Pages.
Animaux (le plus parfait des)....	iv	III	121
Arbuste (l') et le tuteur.........	i	I	29
Artichaut (l')......................	v	III	125

B.

Barre (la) de fer.................	vxi	I	60
Beau livre (le) et le bouquin.....	ii	II	69
Béquilles (les)...................	ix	I	45

	Fables.	Livres.	Pages.
Bœuf gras (le)	XIV	II	101
Bonheur (le) de notre chat	XII	IV	182
Bucéphale	II	III	118

C.

	Fables.	Livres.	Pages.
Cabriolet (le)	V	IV	167
Cadran (le) solaire	II	IV	160
Charité (la)	IX	III	133
Chasse (la) au clocher	XIII	IV	184
Cheval (le) de Caligula	VIII	IV	172
Cheval (le) et le taureau	XIV	IV	186
Cuisine (la)	X	II	89

D.

	Fables.	Livres.	Pages.
Dadas (les)	III	III	119
Dés (les) pipés	XI	II	92
Destinée (la) humaine	XVII	II	
Deux (les) cordons	XII		
Deux (les) cruches	IV		

	Fables.	Livres.	Pages.
Deux (les) nageurs............	XVII	III	152
Dieu (le) terme................	VII	IV	171

E.

	Fables.	Livres.	Pages.
Éléphant (l') et le cornac.......	XV	II	104
Entonnoirs (les)................	V	II	77
Épilogue.......................		IV	196
Eunuque (l') et le garnement....	XVII	IV	192

F.

	Fables.	Livres.	Pages.
File (la)......................	I	III	115
Flûte (la)....................	XI	I	51

G.

	Fables.	Livres.	Pages.
Gargotier (le)..................	X	IV	177
Grabat (le)....................	XVI	II	107
Grand homme (un)..............	XVI	IV	190

H.

	Fables.	Livres.	Pages.
Habit (l') de laine et l'habit de soie.	VII	III	131

	Fables.	Livres.	Pages.
Hermine (l')	VIII	I	44
Hortensia (l')	X	III	135
Hotte (la) et le cerisier	VIII	II	83
Houx (le) et le laurier	III	II	72

I.

	Fables.	Livres.	Pages.
Industrie (l')	XIII	III	141

L.

	Fables.	Livres.	Pages.
Lapin (le) et le lièvre	XVIII	II	110
Lustre (le) et la lumière	IX	IV	175

M.

	Fables.	Livres.	Pages.
Magasin (le) à poudre	XIX	I	52
Marchand (le) d'esprit	VII	I	41
Marchand (le) de santé	VI	III	127
Mariage (le)	XII	III	139
Marmite (la) autoclave	XV	IV	188
Médecin (le) et le charlatan	XVIII	IV	193
Milord	XVI	III	148
Mites (les)	XI	III	137

N.

	Fables.	Livres.	Pages.
Noyer (le) et le peuplier............	XIII	I	54

O.

OEuf (l') de cane....................	III	IV	162
Oraison (l') funèbre................	XV	III	140
Orchestre (l').......................	VIII	III	132
Ours (l').............................	IV	IV	165

P.

Paniers (les) et les cruches..........	VI	IV	170
Paon (le) et le rossignol............	II	I	32
Parapluie (le).......................	VI	I	39
Perroquet (le).......................	IV	I	37
Piédestal (le).......................	XI	III	144
Poirier (le).........................	IX	II	84
Poste (la) aux ânes..................	X	I	48
Prologue.............................		I	27

R.

	Fables.	Livres.	Pages.
Rémora (le)....................	i	II	65
Restauration (la)....................	xi	IV	179
Rose (la) et le pavot...............	vii	II	81
Rosier (le) et la chaumière...........	i	IV	157

S.

Sage (le) ou l'âne..................	xv	I	57
Signature (la)....................	xiii	II	98
Statuaire (le).....................	v	I	38

T.

Tête (la) et le chapeau.............	iii	I	34

U.

Unité (l') et les zéros...............	xiv	I	56

V.

	Fables.	Livres.	Pages.
Volcans (les)....................	vi	II	78

Notes des fables......................... 201

Faute à corriger.

Page 138, *gamin*, lisez : *Jannin*.

www.ingramcontent.com/pod-product-compliance
Lightning Source LLC
Chambersburg PA
CBHW070526170426
43200CB00011B/2333